D1727284

NÄGELE MIT KÖPF

NÄGELE MIT KÖPF

aufgeklaubt von

Robert Naegele

Mit Zeichnungen von

Heinz Schubert

W. Ludwig Verlag

Titelgestaltung von Heinz Schubert

© 1993 W. Ludwig Buchverlag
in der Südwest Verlag GmbH & Co. KG, München
Alle Rechte vorbehalten.
Printed in Germany
Satz: OK Satz GmbH, Unterschleißheim
Druck und Bindearbeiten: Ebner Ulm

ISBN 3-7787-3455-5

Inhalt

Die Erinnerung
ist wie ein Hundle, das sich
hinlegt, wo es will

Das Haus
meiner schönsten Jahre

Das Haus am Ende des Dorfes, in das meine Eltern mit uns Buben einige Jahre vor dem großen Krieg eingezogen waren, hatte ein gutes Gesicht. Es war ein Haus mit einem Erker, mit Fensterkreuzen und Fensterläden, mit einer schweren Haustüre, einem Gemüsevorgarten, einer Holzhütte und einem Obstgarten auf der Rückseite. Es gehörte einem Bauern, der sich selten sehen und vor allem nie spüren ließ, daß wir zur Miete wohnten.

Mittelpunkt dieses heimeligen Anwesens war für uns die Stube mit einem Kachelofen, einem Kanapee, Möbeln aus Eichenholz, die der Onkel zur Hochzeit der Eltern geschreinert hatte. Dahinter gelangte man in die Eltern-Schlafkammer mit Blick nach Süden. Bei geöffnetem Fenster konnte man im Sommer Tomaten aus dem Garten pflücken. Zur Linken der Stube befand sich der Hausflur und unsere Erker-Bubenkammer. Vom großen Fenster aus sahen wir ins Dorf. Das Nordfenster benützten wir etliche Jahre später als Ausstieg für geheime nächtliche Ausflüge zu unseren Mädchen. Die gepflasterte Küche mit dem großen Kochherd – erst nach den Kriegsjahren mit Elektroherd und Kühlschrank ausgestattet – hatte drei Türen. Noch heute höre ich meine Mutter rufen: »Buale, mach d' Tür zua, es zieht!« Die Speis lag daneben. Von dort ging eine Steintreppe in den gemauerten Keller, in dem die Mostfässer, das Obst, die Kartoffeln und das Eingemachte lagerten.

Ins obere Stockwerk führte eine der drei Küchentüren zum »Häusle« mit dem »Fenster-Guckerle«. In den Sommermonaten wurde das »Häusle« von meinem Bruder und mir auch als

Lesestüble benutzt. Die geschnittenen Zeitungsblätter taten so doppelte Dienste. Neben diesem Plumps-Leseräumchen gab es noch eine »Kruschtkammer« und ein Erkerzimmerle, das ich in späteren Jahren zu einem Künstler-Atelier umgestaltete. Ich weiß noch genau, wie dem guten Maler fast die Augen aus dem Kopf gefallen sind, als ich ihn die Wände schwarz streichen ließ. »Wenn d' jetzt no en ma schwarza Bett schlofa willscht, könnet mir dir au no en Sarg naufstella«, lachte meine Mutter. Mein Vater fand die Bilder mit den hochbeinigen Tänzerinnen an den Wänden »nicht übel«.

In den letzten zwei Kriegsjahren wurde das Haus, das wir stets als das unsere betrachtet hatten, ein verwaistes Haus. Mein Vater kochte für Soldaten eines Fliegerhorstes, mein Bruder und ich marschierten ungewollt in fremden Ländern. Nie in meinem Leben vermißte ich dieses Heim mit seiner unsäglichen Nestwärme mehr, als in dieser schrecklichen Zeit. Einmal, unvermutet auf Heimaturlaub gekommen, wurde meine Mutter vor Freude fast ohnmächtig. Wir fielen uns in die Arme und weinten. Und die Stunde der endgültigen Heimkehr, einen Monat nach Kriegsende – tags zuvor war ich zwanzig Jahre alt geworden – werde ich aus meinem Gedächtnis niemals löschen können. Wie betrunken lief ich durch das Haus, umarmte meine Eltern und die herbeigeeilten Nachbarn. Der Taumel endete erst auf Mutters Einwurf: »Hoffentlich läßt auch dei Bruder, unser Hans, net so lang auf sich warta!« Ein Jahr lang sehnten wir uns nach ihm, bis er aus nordafrikanischer Gefangenschaft heimkehrte.

Nun galt es mein »Atelier« mit ihm zu teilen, denn inzwischen war eine dreiköpfige Flüchtlingsfamilie bei uns eingezogen. Es wurde eng im Haus, aber nicht eng an Gastlichkeit und Güte.

Mein Bruder heiratete und verließ das Haus. Auch ich zog von dannen und wohnte fortan in Städten. Um so mehr liebte ich das Daheimsein in den großen Theaterferien. Der Garten, den der Vater nur noch mit Mühe pflegen konnte, wartete auf mich. In vielen Sommermonaten schuftete ich darin voller Freude. Die Beerensträucher, der Fliederbaum, die Hecke wurden von mir angepflanzt. Als Dank dafür schickte mir die Mutter fast monatlich ein Paket mit ihren »unbändig« guten Rohrnudeln und verschiedenen Marmeladen.

Nachdem die Flüchtlingsfamilie eines Tages Arbeit und Wohnung im benachbarten Städtchen gefunden hatte, zog die verwitwete Hausbesitzerin in die freigewordenen Zimmer: Die Hausbesitzerin also sozusagen als Untermieterin. Es dauerte nicht lange, bis sich zwischen ihr und meinen Eltern eine Freundschaft entwickelte. Es gab keine Kaffeestunde ohne »d' Bäure«. Kaum ein Abend verging, ohne daß die drei Alten Karten oder »Mensch ärgere dich nicht« spielten. Wenn mein Vater einmal fernsehen wollte, war sie fast beleidigt, denn der »Huarakaschta« bedeutete ihr gar nichts. Zehn Jahre, bis zum plötzlichen Tode meines Vaters und der schweren Krankheit meiner Mutter, dauerte diese echte nachbarliche Freundschaft.

Ich weiß nicht, wie lange d' Bäure, nach dem Weggang der Mutter in ein Altenheim, noch allein im Haus gelebt hat. Eines Tages wurde sie von ihrem Sohn und der Schwiegertochter in den Hof zurückgeholt. Dort starb sie – geistig wieder zum Kind geworden – nach geraumer Zeit.

Mit geschlossenen Fensterläden und verwildertem Garten sah ich einige Monate später das Haus wieder, in dem ich einst zu Hause war. Die Mutter – eine Fremde im Altenheim geblieben – bekam es

11

vor dem Abbruch nicht mehr zu Gesicht. Als ich zwei Jahre später mit ihr im Auto an dem neuerrichteten, gesichtslosen Zweckbau vorbeifuhr, schloß sie die Augen und drehte den Kopf zur Seite.

Für mich war es ein fremdes Haus.

Das Haus meiner schönsten Jahre steht nur noch in meinem Herzen.

Fannys Strohhütle
mit Kirschen

Von der Empore unserer Dorfkirche – als vierzehnjähriger Bursche durfte ich dort mit g'standenen Mannsbildern in den vordersten Bankreihen knien – hatte man nicht nur eine prächtige Sicht auf den Pfarrer am Hochaltar, sondern auch auf die Mädla, die an Sonn- und Feiertagen, nobel gekleidet, im darunter liegenden Kirchenschiff beteten und sangen.

Die Fanny, auf die ich schon seit einiger Zeit ein Auge geworfen hatte und der ich schon ein paar Mal auf dem Bänkle in ihrem verschwiegenen Gärtle das Händle halten durfte, erblickte ich eines Sonntagmorgens in der dritten Kirchenbankreihe mit einem Strohhütle auf ihrem Köpfle. Besonders stachen mir die auf dem Hütle befestigten dunkelroten Kirschen ins Auge. Aber nicht nur meine Blicke zog sie mit dieser hübschen Hutverzierung auf sich. Kurz nachdem die Orgel eingesetzt hatte, gab mir mein Nachbar, der Franz, einen Stupser und zischte: »Guck, dia Bolla auf dr Fanny ihrem Huat!« – »Kirscha sind dös, koine Bolla!«, flüsterte ich vorwurfsvoll zurück.

Ich bemerkte auch, daß der um einige Jahre ältere Moser Martin seine Augen nicht mehr zum Hochaltar richtete, sondern unablässig auf meine Fanny mit dem entzückenden Kirschen-Strohhütle starrte.

Gewöhnlich konnten die Männer und wir Burschen nach dem letzten Weihwasserspritzer des Pfarrers nicht schnell genug die Empore verlassen, um zu einem Schwätzle und einer Halben Bier ins Wirtshaus zu gelangen. Aber heute blieben der Moser Martin und ich wie angewurzelt an unseren Plätzen und stierten auf die den Kirchenraum verlassenden Mädla. Der Martin hatte mein Luchsen auf die Fanny mit dem Kirschenhütle bemerkt, warf mir einen höhnischen Blick zu und meinte: »Für Hosaseicher wia du sind dia Kirscha no net reif!«

Das war für mich, den zum ersten Mal Verliebten, zuviel! – Das Mittagessen wollte mir an diesem Sonntag nicht schmecken und die Fünfuhr-Brotzeit auch nicht.

Gegen Abend schlich ich um das Anwesen von Fannys Eltern, entdeckte endlich meine Angehimmelte im Garten. Sie öffnete das Türle, wir setzten uns aufs Bänkle, ich streichelte ihr Händle.

»Dei Hüatle, mit de Kirscha ... wo hascht dös schöane Hüatle her?«, fragte ich.

»G'fallet dir dia Kirscha?«, lachte sie.

»Und wia! Wenn se net künschtlich wäret, dät i se aufessa und ... di mit!«, stotterte ich.

»Bringscht mir am nächsta Sonntäg vom Johanni-Markt a Guck voll Kirscha mit, nau esset mir dia mitanander auf deam Bänkle!«

Ihr Wunsch war mir freudiger Befehl. Den kommenden Sonntag und den Johanni-Markt konnte ich kaum erwarten. Zwei Pfund teuer gekaufte Herzkirschen versteckte ich an jenem Abend in der Hecke ihres Gärtleins. Und mich dazu. Fanny kam endlich aus der Abendmesse zurück, legte ihr Hütle auf den Fenstersims des Hauses und stolzierte ins Gärtle. Noch bevor ich mich bemerkbar machen konnte, stand plötzlich der Moser Martin am Bänkle, und ... umarmte Fanny, meine Fanny! Mir versagten Stimme und Beine. Wie betäubt zog ich meine Tüte mit den Herzkirschen aus der Hecke und schlich mich wie ein begossener Pudel davon. Halt!, auf dem Fenstersims lag ja ihr Hütle! In meiner Wut wollte ich die Kunstkirschen abreißen und zertreten. Aber nachdem ich mich wieder etwas gefaßt hatte, lehnte ich mich an die Hauswand und fing an, meine Kirschen zu essen. Kirschkern für Kirschkern spuckte ich in das Hütle, und je voller dieses wurde, um so mehr ließ mein Zorn – und mein erster, großer Liebeskummer nach.

Am nächsten Sonntag kniete ich auf der Empore nicht mehr in der vordersten Bankreihe. Vorläufig wollte ich Fanny mit oder ohne Kirschenhütle nicht mehr sehen. Und in die Nähe vom Moser Martin zog es mich auch nicht. Ich suchte mir ein Plätzle ganz hinten an der Wand, bei den alten Männern.

Die Kassette

Im Fremdwörter-Lexikon steht für Kassette (frz.): Verschließbarer Kasten für Geld und Kostbarkeiten.

Weder Geld noch Kostbarkeiten besaß ich, als ich im ersten Lehrjahr in einer Eisenhandlung pro Monat zehn Reichsmark verdiente. Nicht einmal ganze zehn Mark, denn fünfundzwanzig Pfennig wurden für das Winterhilfswerk abgezogen. Wir befanden uns im ersten Kriegsjahr.

Um sechs Uhr früh radelte ich vom Dorf in die Stadt. Bereits um sieben Uhr mußte ich die Rolläden hochziehen. Erst nach zwölf Stunden Arbeit wurde die Ladentür verriegelt. Zweimal im Monat war das Geschäft auch an Sonntagen von elf bis siebzehn Uhr geöffnet. Die Mittagszeit – wenn überhaupt – dauerte eine halbe Stunde, in der ich das mitgebrachte Butterbrot aß und Tee aus der Thermosflasche trank. Urlaub? Wenn ich mich nicht irre, eine einzige Woche im Jahr.

Ich war während meiner dreijährigen Lehrzeit nicht unglücklich. Der Chef hatte ein Herz und ließ mich schmächtigen Burschen im Laden lernen. Die Schwerstarbeiten im Eisenlager hätte ich nicht geschafft. Das Verkaufen war meine Stärke. Weibliche Kunden, vor allem ältere, wollten nur vom »netta Bua« bedient werden.

Daß einem Bua im Eisenwarengeschäft gewisse Artikel ins Auge stechen, ist verständlich. Fritz, der Kollege, erwarb sich ein Taschenmesser mit allen Raffinessen. Franz, der ältere Lehrling, brauchte bereits einen Rasierapparat. Ich spekulierte wochenlang auf eine Geldkassette. Mit neun Mark war diese ausgezeichnet, also fast einem ganzen Monatslohn. Eines Tages stand ich mit der Stahlkassette vor meinem Lehrherrn und bat um Preisnachlaß. Dieser machte große Augen und wollte wissen, zu welchem Zweck ich eine so teure Kassette brauche.

»Ja, mei...«, stotterte ich. »Ja, mei...«, ahmte er mich nach, »Ja, mei... du bekommst sie für sieben Mark.«

Nachdem ich mein Prachtexemplar von Kassette den Eltern gezeigt hatte, konnte ich nicht schnell genug in meine Kammer verschwinden, um meine Wertsachen hineinzulegen: Den Taufschein, die Kommunions- und Firmungsurkunde, das Schulzeugnis, den Lehrvertrag, ein Sparkassenbüchle mit der Gutschrift von Reichsmark Einundzwanzigfünfzig. Ins herausnehmbare Geldfach legte ich die vom Monatslohn übrig gebliebenen zwei Markstücke. Bevor ich nun meine geheimste Handlung vornahm, schloß ich die Kammertür ab. Die Mutter hatte das Schlüsselumdrehen bemerkt und rief: »Buale, was tuascht denn, spinnscht jetzt ganz mit deiner Geldkischt?«

»Mama, laß mi doch!«, gab ich ausweichend zurück.

Jetzt zog ich die Fotografie mit der »Nackete« aus dem Versteck im Kleiderschrank und bettete sie zwischen die Papiere in »ewige Sicherheit«.

Die »ewige Sicherheit« hielt nicht ewig. Eines Morgens hatte ich vergessen, den Kassettenschlüssel aus der Hose zu nehmen, die meine Mutter zum Schneider bringen wollte. Die Hose war mir nämlich zu kurz geworden und sollte angestückelt werden. Siedendheiß fiel mir das Mißgeschick im Geschäft ein. Ich hatte keine ruhige Minute mehr. Am Abend hing die Hose noch genau so über dem

Stuhl, wie ich sie in der Früh bereitgelegt hatte. Der Schlüssel befand sich gottlob noch in der Tasche. Ich war erlöst, als die Mutter erklärte, daß sie heute nicht dazugekommen wäre, die Hose zum Schneider zu bringen.

In meiner Kassette kramte ich erst ein paar Tage später. Großer Schreck! Die Nackete... meine Nackete war verschwunden! Dafür lag ein Rosenkranz zwischen den Papieren. Wie vom Blitz getroffen saß ich auf meinem Bett und wußte in dieser verfänglichen Situation keinen Rat. In meiner Verzweiflung beichtete ich meinem Bruder. Diesem Schlaumeier machte meine Hilflosigkeit kaum Eindruck. Er fand die Lösung: Aus Mutters Nachtkästchen holte er ihren Lieblingsrosenkranz, den mit den wertvollen Perlen und dem ziselierten Silberkreuz. Mit diesem an meiner linken Hand, kam ich am Morgen zum Frühstück. Mein Bruder trug den anderen, den weniger wertvollen aus der Kassette. Wir hatten schweigend schon eine halbe Semmel gegessen, als die Mutter das Lachen nicht mehr zurückhalten konnte und der Vater noch lauter losprustete.

»Her, mit dem g'stohlena Bildle!«, sagte ich, »oder mir gehet ins Kloschter!«

»So verdorbene Buaba will ma in keinem Kloschter, gell Babba, und jetzt gib se ihm scho, sei wüaschta Nacketa!« Ich war mehr als froh, als ich spürte, daß mir die Eltern in keiner Weise böse waren.

Nach dem Krieg konnte ich meine geliebte Kassette nicht in all die Städte mitschleppen, in denen ich Theater spielte.

Als ich mich aber dann in München niedergelassen hatte, bekam sie, auch nach jedem Umzug in dieser Stadt, immer wieder ein verborgenes Plätzle. Die »Nackete« hatte keine Bedeutung mehr. Film- und Fernsehverträge und ein Sparkassenbüchle mit ein bißchen mehr als »Einundzwanzigmarkfünfzig« füllten die »Stählerne«.

Mitte der siebziger Jahre konnte meine Mutter für eine Woche das Altenheim, in das sie nach Vaters Tod gezogen war, verlassen und weilte bei mir zu Gast. Und wie das bei Müttern halt so ist, sie kruschtelte in meiner Wohnung herum, kehrte das Unterste zuoberst. Ich war zu Fernsehaufnahmen unterwegs. Susica, meine ungarische Freundin, die ihr am Nachmittag Gesellschaft leisten sollte, sagte kurzfristig ab. Die Mutter konnte es nicht lassen, sie mußte »schaffe« und staubte meine vielen Bücher ab. Dabei kamen ihr auch Zeitschriften in die Finger und unter ihnen neben Witzblättern auch ein amerikanisches Journal. Englische Texte konnte die Mama zwar nicht lesen, aber die nicht ganz keuschen Bilder sprangen ihr ins Auge.

Am Abend erwähnte sie ihr Stöbern nicht. Doch andern Tags fragte sie nach meiner Kassette. Ich zeigte sie ihr. Und noch bevor ich sie aufgeschlossen hatte, lachte sie verschmitzt: »Gell, Nackete verschteckscht jetzt nomma?« – »Wia meinscht du dös?« – »I mein halt«, sagte sie und zeigte auf die letzte Seite der besagten Zeitschrift. Auf dieser hatte ein »Model« das »Zigarettle« nicht wie üblich im Mund, sondern – wie soll ich mich jetzt »vürnehm« ausdrücken – in dem Körperteil, aus dem sich sonst Winde ihren Weg suchen.

Mutter schüttelte den Kopf und meinte: »In Amerika ischt ja alles möglich, und wer woiß, vielleicht ischt auf dia Art 's Raucha g'sünder und gauht nomma so auf d' Lung!«

Lili

Lili war eine Foxterrier-Hündin. Meine Eltern hatten sie in den Nachkriegsjahren von einer Bekannten, die einen Amerikaner geheiratet hatte und nach Übersee ausgewandert war, übernommen.

»Du wirst es nicht glauben, aber wir haben seit Anfang Februar ein hübsches, liebes und arg gescheites Hunde-Mädele im Haus. Dein Vater ist ganz vernarrt in Lili, mich sieht er kaum mehr!«, so stand in Mutters Brief an mich.

Ich konnte das super gescheite Hunde-Mädele erst ein halbes Jahr später während meiner Sommerferien kennen und lieben lernen. Bis dahin wurden mir die Vorzüge dieser »einmaligen« Hundedame hauptsächlich in den Briefen meiner Eltern geschildert. Aber auch in Telefongesprächen wurde das Foxele zum Thema Nummer eins.

»Wenn mir von dir schwätzet, spitzt se d' Öhrla, und wenn mir dann saget, es wär höchste Zeit, daß du wieder amal hoimkomma kämscht, fangt se zu heula a'!«, schwärmte meine Mutter. Meinen Einwand: »Versteht Lili denn Schwäbisch?«, überhörte sie geflissentlich.

Damals schickte ich aus der Großstadt alle vier Wochen ein Paket mit schmutziger Wäsche nach Hause. Meine Mutter wußte um die kleine Gage und bestand darauf, die Wäsche zu waschen und zu bügeln. Als eines Tages wieder ein Paket mit frischer Wäsche bei mir eintraf, entdeckte ich in dem beigelegten Brief ein Foto von Lili. Sie lag als Wachhund vor meiner Wäscheschachtel. Für so viel Treue legte ich meiner nächsten Sendung ein Paar Landjäger fürs brave Hundle bei.

Vater bedankte sich sofort telefonisch:

»I hab deine Landjäger in kleine Stückla g'schnitta. Jeden Aubad kriagt se a Bröckle als Betthupferle. Aber 's Schönschte ischt, se liegt jetzt oft in deiner leera Wäscheschachtel. Wia uns kürzlich der Herr Pfarr' im schwarza Talar b'suacht hat und in d' Nähe von deinem Karton komma ischt, hätt se ihn beinah bissa!« – »A g'scheit's Hundle!«, rutschte es mir heraus.

Meine Neugierde auf Lili wurde immer größer. Schon am zweiten Ferientag packte ich meinen Koffer und fuhr per Bahn nach Hause. Für die letzten Kilometer mußte ich den Omnibus benützen. Mein Vater erwartete mich mit Lili an der Haltestelle. Es war unmöglich, ihm die Hand zu schütteln. Lili sprang wie eine Wahnsinnige an mir hoch und bettelte um Bussis. Nur mit einem Würstchen, das ich in meiner Jackentasche bereitgehalten hatte, konnte ich sie beruhigen. Zu Hause, bei der Umarmung meiner Mutter, wiederholte sich die Szene. Lili wich nicht mehr von meiner Seite.

Gegen Abend besuchte uns unser Nachbar, der Herr Förster. »Oh je, er kommt in Jägerkleidung! D' Lili ka' alles was nach Uniform aussieht, net verputza, sogar da Herr Pfarr' hat se beißa wolla!«, erklärte mir die Mutter. Und schon begann sie fürchterlich zu kläffen. Alle Befehle, still zu sein, halfen nichts. Lili bellte und knurrte den Nachbarn aus dem Haus.

Im Schlafzimmer der Eltern blieb der Korb, in dem das liebe Hunde-Mädele täglich nächtigen durfte, fortan leer. Lili träumte jetzt auf meinem Bettvorleger und weckte mich allmorgendlich mit einem Hupf ins Bett.

Wenn ich länger als eine halbe Stunde Text lernte – ich biß mir die Zähne an der schweren

Rolle des Prinzen in Lessings »Emilia Galotti« aus –, fing Lili an, fürchterlich zu heulen. Von Vater konnte ich dann hören: »Siehscht, dia woiß, wenn du dei Hiara überstrapazierscht!«.

Lili gefiel es auch besonders gut im Kindersitz des Fahrrades von mir in Nachbardörfer geschaukelt zu werden. Wenn ich in einem Wirtshaus einkehrte – das war oft der Fall – und ihr von meinem Bier in einen Unterteller schüttete, leckte sie mir danach die große Zehe in der Kneipp-Sandale.

Das Ende meiner Ferien war gekommen. Lili spürte es. Sie war beleidigt, mied in der Nacht vor meiner Abreise meinen Bettvorleger und zog sich in den Korb im Schlafzimmer der Eltern zurück. Zum Verabschieden hatte ich Mühe, sie unter dem Kanapee herauszulocken. »Lili, Liebes … ich komm ja wieder!« Beinahe hätte ich geheult.

Im Jahr darauf, es war kurz nach Ostern, hatte ich einige Tage spielfrei und besuchte meine Eltern. Vater stand allein an der Bushaltestelle.

»Ja und … Lili? Wo ist Lili?«, fragte ich vorwurfsvoll.

»Du wirscht stauna«, lachte er, »mir hant fünf winzig kloine Gänsla dahoim, von dene bringt ma se kaum no zum Fressa weg.«

Es war ein entzückender Anblick: Lili im Korb, fünf kleine goldgelbflaumige Gänslein unter ihrer Obhut. Erst nach Verabreichung eines Würstchens freundete sie sich wieder mit mir an. Mein Bettvorleger blieb allerdings leer. Als ich aber das Fahrrad aus dem Schuppen holte, stand sie mit Bettelblick vor mir. Auch ein Schlückchen Bier in der Gastwirtschaft wurde von ihr nicht verachtet.

Ein Jahr später trat ich ein Engagement an einem Schweizer Theater an. Mein Debüt war in Schillers

»Don Carlos«. Von der Presse erhielt ich ein großes Lob. Ein paar Schweizer Leute aus dem Publikum meinten allerdings: »A bizzele langsamer sollte der Kronprinz reden!«

Mein Wunsch war, daß auch meine Eltern eine Aufführung besuchen sollten. Ein Onkel, der ein Auto besaß, machte dies möglich. Bei der Ankunft war die Überraschung groß: Lili sprang auf mich zu und wollte gehätschelt weden.

Die Nachmittagsvorstellung dauerte gute drei Stunden. So lange wollte man Lili nicht ins Auto sperren. In die Garderobe durfte ich sie nicht nehmen, aber beim Pförtner – er trug keine Uniform – fand das »liabi Hundeli« eine Bleibe.

Meine Angehörigen bekamen Ehrenplätze. Der Herr Direktor persönlich begleitete sie in die erste Zuschauerreihe im Parkett.

Ich war schon vor Beginn der Vorstellung sehr nervös. Alle Fassung verlor ich jedoch in der Mitte des ersten Aufzugs nach den Worten des Beichtvaters »Domingo«: »Der König ist gesonnen, vor Abend in Madrid noch einzutreffen...« – Nicht der König, sondern Lili traf ein, sprang an mir hoch, roch danach sofort an dem Geistlichen und kläffte ihn wütend an.

»Lili ruhig!!!«, mein Entsetzensschrei blieb ungehört. Einige jugendliche Zuschauer fanden den Hundeauftritt köstlich und bellten mit Lili um die Wette. Der Inspizient ließ den Vorhang fallen. Danach trat er vor das Publikum, stammelte eine Entschuldigung und bat um Ruhe für eine Wiederholung der Szene.

Nie mehr in meinem ganzen Bühnenleben haben mir die Knie so gezittert wie bei dieser Wiederholung.

An der verabredeten Türe des Künstlereinganges fand ich meine Eltern nicht. Sie waren in das

Büro des Herrn Direktors gebeten worden und stotterten ein »mea culpa«. Dieser beruhigte sie und lachte über Lilis Auftritt. Bei einem Glase Sekt bat er sie, mir zuzureden, meinen Vertrag um ein Jahr zu verlängern.

Lili hat meinen Eltern, und auch mir, noch viele Jahre lang in den Theaterferien Freude gemacht.

In die Schweiz und auch in andere Städte, in denen ich auf der Bühne stand, wurde die Hundedame verständlicherweise nicht mehr mitgenommen. Auch von Wirtshäusern habe ich sie ferngehalten. Es hätten dort ja Geistliche, Jäger, Uniformierte sitzen können... und Sie wissen ja...

Luise

Luise ist meine Schwägerin. Ich kannte sie schon im Alter von sechs Jahren, als wir Lausbuben sie noch Luisle nannten. Luisles Eltern kamen aus Oberbayern in unser Dorf, ins Zentrum unseres Dorfes, in die Molkerei. Luisles Vater war Käsermeister und bis zu seinem Ruhestand und Wegzug in einen anderen Ort von allen Bewohnern geachtet und geschätzt. Luisles Mutter, eine g'standene Chiemgauerin mit Herz, konnte sich nur schwer an uns Schwaben, vor allem an unseren Dialekt gewöhnen. Das »le« wollte nie über ihre Lippen; ihr Maderl hieß Luise und nicht Luisle.

Für uns Kinder was das Käserluisle keine Fremde. Die Erwachsenen nannten sie eine »nette Krott«. Im Laufe der Jahre mauserte sich die nette Krott zum »süßen Frosch«, der es meinem Bruder besonders angetan hatte. Aus Freundschaft zwischen den beiden wurde Verliebtsein, aus Verliebtsein Liebe, aus Liebe eine Verlobung und ein Jahr später eine festliche schwäbische Hochzeit. Mir übertrug man bei diesem Jubeltag die Rolle eines Trauzeugen. Am Traualtar sprach Luisle ihr Jawort so laut, daß man es noch in der letzten Kirchenbankreihe vernehmen konnte. Über die Backen der beiden Mütter liefen Tränen der Rührung. Luisle, seit diesem Tag auch für mich Luise, war einen heimlichen Blick auf die Taschentuchbenützerinnen, schüttelte dabei leicht den Kopf und schmiegte sich zärtlicher denn je an ihren Hans, meinen Bruder.

Die anschließende Hochzeitsfeier im »Schwarzen Adler« wurde ein rauschendes Fest. Mein Vater, der die »Hochzeitsg'schenker« zu verstauen hatte, sprach von einem Berg. Sechzehn geparkte Autos zählte er im Hof des Wirtshauses, in der damaligen Zeit ein einmaliges Ereignis. Bis zum frühen Morgen wurde zu Blechmusikklängen gewalzt und geschoben. Luise, die von allen begehrte Braut, verließ kaum einmal die Tanzfläche. Zuletzt, doch etwas müde geworden, hatte sie den genialen Einfall, den eifrigen Musikanten zum Bier auch Schnaps in die Krüge füllen zu lassen. Als diese dann anfingen von den Stühlen zu taumeln, endete ihre schwäbische »groaße Hoachzeit«.

Die folgenden Jahre habe ich meine Schwägerin »ein bißle« vernachlässigt und aus den Augen verloren. An verschiedenen norddeutschen Bühnen-Engagements sahen mich meine Angehörigen nur in den Sommerferien.

Auch mein Bruder und Luise verließen das Dorf und zogen in den Vorort einer Großstadt. Dort lachte eines Sommertages eine Lissy aus der Wiege.

Nach dem Tode von Luises Mutter wurde der Witwer, in der Zwischenzeit zum Großvater geworden, von Luise und Hans ins neugebaute Haus geholt.

Das »Lissy-Kröttle« entwickelte sich im Lauf der Jahre zu einem hübschen Frosch, der eines Tages von einem Prinzen, wieder mit dem Namen Hans, wachgeküßt und geehelicht wurde. Ein strammer Bub Florian und eine kesse Michaela ließen nicht allzulange auf sich warten und machten Luise und meinen Bruder zu Großeltern. Luises Vater, inzwischen einundneunzig Jahre alt und Urgroßvater, ist nach wie vor in die Großfamilie eingebettet.

Vor gut zwanzig Jahren hängte ich meine Theaterwanderschaft an den Nagel und faßte in Bayerns

Hauptstadt Fuß. Seit dieser Zeit sind Luise und ich wieder ein Herz und eine Seele. Ich habe meine Schwägerin immer gemocht, doch jetzt zählt sie zu meinen engsten Freunden. Wir begegnen uns nicht allzuoft, aber unsere telefonischen Beichtgeheimnisse sind unter strengem Verschluß.

Mein Bruder ist schon längst Chef einer großen Bausparkassenfiliale geworden. Luise führt seit vielen Jahren mit viel Geschick und schwäbischer Vorsicht das Baugeschäft eines verstorbenen Freundes. Ihre ausländischen Arbeiter mögen sie, auch wenn sie den einen oder anderen nach groben Verstößen »z'sammabutzt«. »Luise gutt!«, sagte mir ein Türke bei einer Betriebsweihnachtsfeier, »hat für meine Kinde Hund gekauft!«

Luise und ich kaufen uns zu Weihnachten keine Hunde. Sie wünscht sich jedes Jahr Bücher. Am meisten liebt sie Kurzgeschichten, weil sie nach harter Tagesarbeit vor dem Einschlafen »bloß oina schafft«. Ich werde von ihr mit praktischen Dingen, halt mit »ebbes G'scheitem« beschenkt: Warme Unterhosen und lange Unterhemden; Unterhemden, »dia fascht bis zu de Knia reichet und für mei Rheumatisch guat sind«.

Ohne Risse und Kratzer ist natürlich auch Luises Leben nicht verlaufen. Aber sie besitzt einen besonderen »Kitt«, um diese »Klumsen« zu schließen.

In ihrem großen Bekanntenkreis gibt es auch Neider. Erst neulich meinte eine ihrer »sogenannten« Freundinnen, daß es ihr Gatte Hans mit der ehelichen Treue wohl nicht so genau nähme. Man habe ihn dreimal zu nächtlicher Zeit aus dem Hause der bekannten Frau »Dingsbums« kommen sehen. Auf diese dumme Verdächtigung machte Luise »Nägele mit Köpf«: »I hab gar net g'wußt, daß er die liebe Frau Dingsbums dreimal bearbeita mußt',

bis dia ihren Hunderttausend-Mark-Bausparver-
trag unterschrieba hat!«

Liebe Leser, ich könnte Ihnen noch viel über meine
liebe Luise erzählen. Aber sie liebt Kurzgeschichten. Und obwohl ihr langes Unterhemd mei
»Fiedla« wärmt, hör i jetzt auf.

Martinsfest und das
Ebershauser Tannenbäumle

Gute fünfundzwanzig Jahre ist es her. An ein bestimmtes Telefongespräch meiner Mutter erinnere ich mich noch heute.

»Gell, zum Fescht wirscht doch hoimkomma könna!«

»Ich glaube nicht, ich treffe mich mit Freunden zu einer Geburtstagsfeier«, war die für meine Mutter enttäuschende Antwort.

»Deine Freind könntet doch bei uns Geburtstag feira, a so a guats Feschttagsessa, wia i dene koch, kriaget dia nirgends!«, schlug meine Mutter vor.

Nachdem ich meinen Freunden ausführlich über die zu erwartenden Gaumenfreuden bei einem Martinsfest erzählt hatte, sagten sie ohne Wenn und Aber zu der Fahrt aufs Land zu.

Zu fünft quetschten wir uns am 11. November, einem Sonntagmorgen, in Gunnars alten VW. Ich war Beifahrer, Carmen, Horst und Rüdiger zwängten sich auf den Rücksitz. Rüdigers Geburtstagskognäkle machte die Runde. Fröhlich, aber pünktlich kamen wir zum Festgottesdienst in die Kirche. In Erstaunen setzte ich meine Begleiter mit meinem Gesang, als ich lautstark in das Chorlied einstimmte: »Martinus, auf, den Hirtenstab nimm noch einmal in deine Hand«. Carmen versuchte die zweite und dritte Strophe zu summen, endete aber plötzlich, als sie der strafende Blick einer Bäuerin traf.

Meine Eltern empfingen uns mit offenen Armen. Von Carmen, der eleganten Schauspielerin, war mein Vater hingerissen. Dreimal schöpfte er ihr »Brätknöpfla mit Spätzla« aus, wenngleich sie schon nach dem ersten Teller protestierte:

»Nicht doch, meine Linie, ich muß auf meine Linie achten!« Darauf wußte meine Mutter keine bessere Bemerkung als die: »A so a dürra Gois wia Sie, dürft scho amal au ebbes G'scheits essa!«

Rüdiger, das Geburtstagskind, war Mutters Liebling; mehr als nur einmal ließ sie ihn hochleben. Eine große Gans mit vielen Beilagen hatten wir verspeist, als nach der Frage meiner Mutter: »Na, hoffentlich hat's euch au g'schmeckt?«, nur noch genüßliches Stöhnen zu vernehmen war.

Für den frühen Nachmittag schlugen wir einen gemeinsamen Spaziergang in den Wald vor. »Aber bleibet net so lang aus!«, rief uns die Mutter aus der Küche nach, »es gibt no Datsche, Kuacha und en guata Kaffee!«

Bevor wir unseren Verdauungsweg antraten, holte ich einen Spaten und einen Rupfensack aus der Gartenhütte. Ich hatte mir nämlich schon lange vorgenommen, eine kleine Tanne aus unserem Wald in die Stadt zu verpflanzen.

Ein schön gewachsenes Bäumchen war schnell gefunden und ausgegraben. An Weihnachten sollte es in einem Topf mein Wohnzimmer schmücken, später in einem Holzbottich auf dem Balkon wachsen und gedeihen.

Am zweiten Weihnachtstag besuchten mich die Freunde. Alle fanden das mit Lametta behängte Tännchen schön. Carmen meinte, daß jetzt so eine Weihnachtsgans vom Lande – in seliger Erinnerung an die verspeiste Martinsgans – auch nicht zu verachten wäre.

Im Laufe des nächsten Jahres tauschte ich meine kleine Wohnung mit einer größeren. Bedauerlicherweise ohne Balkon. Mein Tännele fand nun für lange Zeit sein Zuhause auf dem Balkon meines Freundes Gunnar. Von Jahr zu Jahr größer geworden, schmückte es jeden Dezember unsere gemeinsame Weihnachtsfeier. Es erinnerte aber auch von Jahr zu Jahr an das einstige Martinsfest und an meine Eltern.

Anfang vorigen Jahres bin ich nun erneut umgezogen, in eine Wohnung mit Blick auf die Isar und mit einem Balkon. Ich habe »mein Tännele« heimgeholt und mußte feststellen, daß es für die Höhe dieses Balkons zu groß geworden war. Der Hausmeister erlaubte mir, den Baum im obersten Stock des Hauses, vor dem Eingang zu einem Aufenthaltsraum und der dahinterliegenden Sauna, aufzustellen. Hier, unter freiem Himmel, dachte ich, würde er sich wohlfühlen. Doch weit gefehlt. Plötzlich verlor er Nadeln und fing an zu kränkeln.

Ich holte mir Rat beim Hausmeister. Er konnte sich das Müdewerden meiner Tanne erklären:

»Scho a paarmol hob i g'sehgn, daß gewisse männliche Saunabesucher z' faul san auf d' Toilettn an halbn Stock tiafer z' gehn; se biesln in den Kübel von dera Tanne. Do muaß se ja ei'gehn!«

»Was machen wir denn da? Sollen wir ein Täfelchen mit der Aufschrift ›Bitte nicht an die Tanne...‹ anbringen?«

»Dös nützt bei dene b'soffene Lackl doch nix! Wiss'n S' wos? I moch a starks Drohtgflecht um an Kübel bis zum Stamm und stell den Droht an den gewissen Sauna-Abenden unter Strom!«

»Aber wenn da was passiert?«

»Do bassiert net viel, is ja koa Starkstrom! Aber sobald a Spritzerl ans Gitter kimmt, kriagt derjenige an leichtn Schlog!«

Der gute Hausmeister stoppte mit dieser Methode tatsächlich das »Warmgießen« meiner Tanne. Sie erholte sich und bei der letztjährigen Weihnachtsfeier, die mit Freundinnen und Freunden – und dem Hausmeister – im geschmückten Aufenthaltsraum vor der Sauna stattfand, funkelte der Schein der vielen Kerzen an meinem Ebershauser Tannenbaum durch die Glaswände und verlieh dem Abend frohe Festlichkeit.

Adventslesung beim Frauen-
gesangsverein »Harmonia«

Der Dezember war für mich lange Zeit ein an-
strengender Monat: Adventslesungen land-
auf und landab. Letztes Jahr schwor ich mir, alle
Anfragen abzusagen. Aber ganz konnte ich mein
Vorhaben doch nicht einhalten.

Aus der schwäbischen Hauptstadt rief mich der
Zweite Bürgermeister an, aus der Kreisstadt der
Landrat, aus einem Dorf in Heimatnähe eine Frau
Hölzle, Vorstand vom Frauengesangsverein »Har-
monia«. Diese bat um eine Lesung ganz besonders
herzlich:

»Mei, was würdet meine Sängerinne drum
gebe, wenn Sie bei uns auftrete tätet. Sie habet
keine Ahnung, wie umschwärmt und verehrt Sie
werdet. Solltet Sie jetzt am Telefon nein sage,
komm i mit einer Freundin, die Sie übrigens auch
kennet, persönlich nach Münche und bitte Sie
kniefällig um eine Zusage. Am zweiten Adventssonntag müßt die Veranstaltung stattfinde, nur an
dem Tag ischt unser Wirtshaussaal noch frei.«

»Aber liebe Frau Hölzle, am zweiten Adventssonntag habe ich schon für eine Veranstaltung in
Ihrer benachbarten Kreisstadt zugesagt«, gab ich
zur Antwort.

»Mei, dös trifft sich guet!«, jubelte Frau Hölzle,
»dann kommet Sie am Nachmittag zu uns! Am
Nachmittag bekommet mir noch mehr Publikum
wie am Aubed. Sie werdet sich bei uns wohl-
fühle ... nach der Feier trinket Sie mit uns Kaffee ... unsere Kuche! ... a Feschtle wird dös für Sie
werde, und wenn i jetzt meine Fraue sag, daß Sie
kommet, fahret dia vor Freid aus 'm Häusle!«

»Frau Hölzle, darf ich Sie bitte noch fragen, wer
Ihre Freundin ist, die mich so gut kennt?«

»Dös soll eine Überraschung sein«, meinte sie. »Und Ihr Ja hab i jetzt endgültig, gell!«

»Da wär aber noch... das...«, stotterte ich.

»I kann mir denke, was Sie sage wollet... wia heißt's doch gleich... das Honorar! Ehrlich g'sagt, unsre ›Harmonia‹ ischt kein begüteter Verein... es wäre schön, wenn Sie uns entgegenkomme könntet... von meiner Freundin weiß i, daß Sie ein gutes Herz habet!«

»Ja, schon... aber...«

Frau Hölzle unterbrach mich: »Mit leere Händ gehet Sie von uns net fort! I hab Ihr Ja!«

Und damit war unser Telefonat beendet.

Nein, mit leeren Händen verließ ich diese unvergeßliche Lesung am zweiten Adventssonntag des vorigen Jahres nicht. Mein Auftritt endete mit Abraham a Santa Claras »Freßorgie«. Der letzte Satz aus dieser Predigt lautet: »O Maul, o Maul, was koschtescht du für Geld!«

Langanhaltender, herzlicher Beifall aus dem Saal. Und dann stürmten 32 Sängerinnen auf die Bühne, jede ein Glas »Eingekochtes« für den Gast in den Händen.

Die geheimgehaltene Freundin von Frau Hölzle war niemand anders, als meine Babenhauser Bäs. Diese wußte von meiner Leidenschaft für hausgemachte Marmeladen. Zum Frühstück am folgenden Morgen probierte ich voller Freude gleich drei dieser Köstlichkeiten.

Trotz dieses Genusses bitte ich alle Veranstalter, die mich in Zukunft zu Adventslesungen einladen, diese gutgemeinte Art von Bezahlung des Frauengesangsvereins »Harmonia« nicht nachzuahmen. Ich könnte sonst in einen »Marmeladen-Rausch« verfallen, und stellet Sie sich vor, mir tät dabei 's Göschle zuababba, damit wär's endgültig aus mit Adventslesunge!

Mein dritter »Dotle«

Statt eines Paten haben schwäbische Buben einen »Dotle«, einen Tauf- und einen Firm-Dotle, für die Mädchen ist die Patin die »Dot«, die Tauf- und Firm-Dot.

Die Paten übernehmen die Mitverantwortung für die christliche Erziehung der Patenkinder und die Verpflichtung, in bestimmten Lebenssituationen des Patenkindes helfend einzugreifen.

Auch ich hatte einen Tauf- und einen Firm-Dotle. Daß ich als Fünfundfünfzigjähriger noch einen dritten Dotle hinzubekommen habe, das trug sich folgendermaßen zu:

Nach den »Lausbubengeschichten« brachte der Maximilian Dietrich Verlag mein zweites Buch, die »Schwäbischen Weihnachtsgeschichten«, heraus. Der inzwischen verstorbene Dr. Maximilian Dietrich stammt wie der jetzige Landrat und Bezirkstagspräsident Dr. Georg Simnacher aus Ziemetshausen. Von Dr. Dietrich erfuhr ich, daß er nach Kriegsende dem damals schon »arg g'scheita« Simnacher Büble Latein-Unterricht erteilt hatte. Was lag da näher, als den Dr. Simnacher um die Patenschaft für das neue Naegele-Buch zu bitten?

Die Buchpremiere im Krumbacher Schloß wurde zum festlichen Ereignis. Gerammelt voll war der Saal, sogar die Gänge waren besetzt. Der Intendant des Schwäbischen Landestheaters, Peter H. Stöhr mit Gattin, und einige andere Besucher fanden nur noch auf dem Vortragspodium zu Füßen der Harfenspielerin Platz. Ich versuchte mich in einem angrenzenden Unterrichtssaal zu konzentrieren, als plötzlich die Tür geöffnet wurde, um noch Zuschauer einzulassen, die von hier aus wenigstens einen Seitenblick aufs Podium hatten.

Von Konzentration war nun keine Rede mehr. »Wie gehts dir?, was machst du? hast du Lampenfieber?«, überfielen mich Freunde und Bekannte. Ja, ich hatte Lampenfieber und noch weit Schlimmeres! Von Schauspielern ist bekannt, daß sie vor Beginn einer Premiere zehnmal aufs »Häusle« rennen müssen. Es war fünf Minuten vor acht Uhr, und der »gewisse Druck« wuchs von Minute zu Minute. Ein Entkommen durch die vollbesetzten Gänge war aussichtslos. Außerdem galt das alte Gesetz: Mimen dürfen sich vor einer Aufführung niemals dem Publikum zeigen. Rette mich, rette mich!, flehte ich himmelwärts. Eine große Schultafel samt Riesenschwamm retteten mich! Den Lehrer oder den Schüler der tags darauf die Tafel mit dem mit »Poetenwässerle« getränkten Schwamm wischen mußte, bitte ich noch heute um Verzeihung.

Nach beendeter Harfenmusik betrat ich schwungvoll das Podium; herzlichster Applaus. Darauf ein zweiter schwungvoller Auftritt des aus der ersten Zuschauerreihe kommenden Georg Simnacher. Händeschütteln und erneuter Applaus.

»Liebe Krumbacher, liebe Gäste!«, begann der Landrat. »Ich habe die Patenschaft für diese Buchpremiere übernommen und bin damit Robert Naegeles ›Dotle‹. Als Dotle schenke ich ihm nach altem Brauch – Allerheiligen und Allerseelen liegen gerade hinter uns – einen ›Seela-Wecka‹.« Daraufhin Umarmung und stürmischer Beifall.

Ich übertreibe nicht, wenn ich sage, daß diese Buch-Premiere ein rauschendes Fest wurde. Und berauscht war ich auch noch bei der Premierenfeier, als mein »dritter« Dotle eine ganze Ladung Bücher kaufte und weitere Starthilfen für »Literarisches aus Schwaben« versprach.

Der Simnacher-Dotle hat Wort gehalten. Die Uraufführung meines Theaterstückes »Herzversagen – Wer hilft Frau Schräubele?« am Landestheater Schwaben kam nur zustande, weil mein Dotle einen dicken finanziellen »Seelenwecken« beisteuerte.

Nach dem großen Erfolg konnte nicht nur ich aufatmen. Auch Simnachers Schnaufer gingen leichter: Den Zuschuß für einen Reinfall hätten ihm seine Schwaben sicherlich nachgetragen.

Die dritte Patenschaft übernahm der Dotle für die Aufführung der »Schwäbischen Schöpfung« von Sebastian Sailer im Augsburger »Damenhof«. Dabei fiel für mich ein kleines Bröckle des Seelenweckens ab: eine gute Gage für die Gottvater-Rolle, die ich mir zu meinem 60. Geburtstag gewünscht hatte.

Drei Sommer lang stand das großartige Stück, das Michael Peter inszenierte und vom Bayerischen Fernsehen aufgezeichnet wurde, auf dem Spielplan der Städtischen Bühnen.

Ich kann mich noch lebhaft an die Vorstellung erinnern, zu welcher der Simnacher-Dotle alle seine schwäbischen Bürgermeister und Landräte eingeladen hat. Nach der Vertreibung von Adam und Eva aus dem Paradies, befiehlt Gottvater dem Engel:

Flieg oiner gschwind raus
Und stand mr dett naus!
Und wear s au mög sei':
Ma' lot koin meh rei'.

An jenem Abend habe ich – Sebastian Sailer wird sich im Himmel mit mir freuen – zwei Zeilen dazugedichtet:

Und wear s au mög sei':
Ma lot koin meh rei'.
Grad no Bürgermoischter, Landrät, Bezirks-
tagspräsidenta,
Wenn se weiter Geld fürs Theater dont spenda.
Daraufhin folgte stürmischer Sonderapplaus.

Nicht allzulang ist es her, daß man bei einer schwäbischen Wahlveranstaltung einige nicht endenwol-
lende Redner aushalten mußte.

Mein Dotle war als vierter Redner vorgesehen.
Ich saß neben ihm in der ersten Reihe und flüsterte
ihm während der Rede des dritten Langweilers zu:
»Mach's Du bitte kürzer!« – »Gib mir a Hand-
zoicha, wenn's z'viel wird«, flüsterte er zurück. –
»Dös merket doch d' Leut, besser, i schneuz laut in
mei Sacktuach!«, war meine Antwort.

Dotles Rede war zwar die beste des Abends;
aber als er spürte, wie gut er beim Publikum
ankam, wurde auch er von Minute zu Minute aus-
schweifender. Schließlich trompetete ich energisch
in mein Sacktuch. Der Redner hielt inne und sagte
lachend: »Es war abg'macht, wenn der Siach dau
donda ins Sacktuach schneuzt, muaß i aufhöara!«

Liaber »Seela-Wecka-Dotle«, wenn weiter in deine
Reda kurz bleibscht und dös erscht recht deine
Kollega beibringscht, nau verleih i dir en Orda. Zu
deim sechzigsta Geburtstag isch in der Zeitung
g'standa, du häbescht scho hondertzwölf. Nimm
trotzdeam bitte au no mein hondertdreizehnta –
da »Sacktuachschneuzorda«.

Das »Bairisch Herz«,
Ausgabe Schwaben

Die Väter der beliebten Rundfunksendung »Das Bairisch Herz« sind Helmuth Kirchammer und Oskar Weber. Vor rund vierzig Jahren wurde diese Sendung zum ersten Mal vom Bayerischen Rundfunk ausgestrahlt. In ihr kommen Lyrik und Prosa aus Vergangenheit und Gegenwart von mehr oder weniger bekannten bayerischen Dichtern und Autoren zu Wort.

Der schwäbischen und fränkischen Mundart wurde anfangs nur eine Ecke in der bayerischen Ausgabe eingeräumt. Inzwischen sind es mehr als 15 Jahre, daß wir Schwaben pro Jahr vier bis fünfmal eine Stunde lang in unseren Dialektvariationen vom Ries bis zum Allgäu schwätzen dürfen. Doch auch Autoren, die Hochdeutsch schreiben – ihre Schnaufer sollten aber schwäbisch sein –, sind in unserer Ausgabe zu finden.

Der Zufall spielte eine Rolle, daß mir die Ehre zuteil wurde, die Schwabensendung zu betreuen. Helmuth Kirchammer, einer der oben genannten Väter, war Chef der Abteilung Unterhaltung beim Bayerischen Rundfunk. Ich war mit ihm vor langer Zeit als Anfänger an einem Theater engagiert gewesen. Wir hatten uns aber im Laufe der Jahre aus den Augen verloren.

Nun prallten wir ganz zufällig an einer Münchner Straßenecke aufeinander.

»– Ferdinand –, gibt's dich auch noch?«, begrüßte er mich.

»Hallo – Wurm –, wo treibst du dich rum?« war meine Gegenfrage.

Helmuth hatte damals den Wurm, ich den Ferdinand in Schillers »Kabale und Liebe« gespielt.

Wir freuten uns über dieses Wiedersehen und lachten über unsere Anfänger-Heldentaten.

»Sag einmal, du bist doch Schwabe?«

»Nein, Naegele ist nur mein Künstlername!«

»Depp, spiel nicht schon wieder Theater!«

»A bayrischer Schwob bin i! Soll i dir den Ferdinand auf Schwäbisch voarspiela?«

»Nicht jetzt, komm bitte in mein Büro ins Funkhaus!«

Ich besuchte ihn, und wir kamen überein, daß ich ihm schwäbische Texte für eine Sendezeit von 15 Minuten zusammenstellen und sprechen sollte. In meiner Bücherkiste fand ich Gedichte von Hyazinth Wäckerle und Adolf Paul. Bei der Aufnahme führte Helmuth Kirchammer Regie. Ich spürte, daß er mit meiner gestochenen Sprechweise nicht zufrieden war.

»Du hast einen Klassiker im Maul! Red doch so natürlich wie neulich auf der Straße!«

»Ah, so willscht du's! Wart amal, i bring dir iatz da ›Schmied von Schreatza!‹«.

»Ja, bitte, leg los!«

Ich versetzte mich in dieses schwäbische Unikum und begann:

D'r Schmied von Schreatza ischt a Ma',
Im Saufa ka' deam koin'r a;
Dia Räusch', ihr Leut, 's isch kaum zum saga,
Dia ka' fei' bloß a Schmied vertraga.
I ka' da Ma' no hocka seah,
I bi' ja sell oft bei eahm g'wea:
An langa Bart, a groaßa Platt,
Wia's weit und broit koi' zwoit'r hat;
A Näs im G'sicht, ganz fuirigroat,
Mit Kipf'l drauf wia's Loiblesbroat,
Und unta d'ra' zwo schwarze Dupfa
Von deam verfluachta, wüeschta Schnupfa.

Helmuth klatschte: »Das ist es, was ich brauche!«

»Hast du selber mal Gedichte gebastelt?«

»Nein, zwei Kurzgeschichten sind mein einziger literarischer Versuch.«

»Schick sie mir bitte!«

Nur eine von den beiden, das »Martinsfest«, wagte ich auf seinen Schreibtisch zu legen. Er war von dieser novemberlichen Dorfgeschichte angetan, gab mir ein paar Ratschläge zu Verbesserungen und erbat sich für jede Schwabenecke in seiner »Bairisch Herz«-Sendung einen Beitrag aus meiner Feder. Als wir Schwaben später in der »Bairisch Herz«-Sendereihe mit einer vollen Stunde Zeit eigenständig wurden, betraute er mich mit der gesamten Zusammenstellung.

Hans Breinlinger führte Regie. Von ihm habe ich auf dem Gebiet der Regie manches gelernt, vor allem seine lockere Führung der Sprecher. Nach seinem Tode vor acht Jahren bat mich Kirchammer, neben der Zusammenstellung auch die Regie zu übernehmen.

Die »Schwabenausgabe« wird demnächst zum 75. Male ausgestrahlt. Mir und auch vielen Hörern ist sie ans Herz gewachsen. Die Wurzeln zu meiner Heimat, wo ich bis zum 20. Lebensjahr gelebt habe, vertieften sich dabei von Sendung zu Sendung.

Schwäbische Literatur füllt inzwischen meine Bücherwand. Zum Glück konnte ich auch eine Sprecher-Mannschaft finden, die die Vielzahl der schwäbischen Dialekte beherrscht.

Es kommt vor, daß Autoren den verantwortlichen Redakteur der Sendung, Dr. Wolf Schmidt-Arget, traktieren: Warum sie gar nicht oder so wenig zum Zuge kämen?

Ich habe drei Schubladen für unsere schwäbischen Poeten und Schriftsteller eingerichtet: Eine untere, eine mittlere und eine obere. Die Autoren aus der unteren Schublade mögen mir verzeihen, wenn ich mehr in die mittlere und noch mehr in die obere mit den Könnern greife.

Für die Zusammenstellung und die Auswahl der Musikstücke vergeht meist eine Woche. Dann folgt der Tag der Aufnahme im Funkhaus.

Im Studio dürfen keine großen Pannen passieren. In sieben Stunden müssen die Texte aufgenommen, die Musik dazugespielt und für genau 58.5 Minuten muß alles im Kasten sein. Behilflich sind dabei Tontechniker und Assistenten, die große Erfahrung und helle Ohren mitbringen. Von ihnen lasse ich mich gerne beraten. Aber verantwortlich ist letztlich allein der Regisseur.

Wenn ich die Sendung endlich abhören kann, wenn Heiteres und Besinnliches und auch das Musikalische im Einklang stehen, bin ich glücklich.

Noch glücklicher bin ich, wenn mich eine Schwäbin nach der Ausstrahlung am Sonntagabend anruft und sagt (genau so hat nämlich eine gesagt): »Huarasiach, heit kriagscht für dei schöana Sendung a Busserle von mir!«

Schwaben und Elefanten

Anfang Januar, vor ein paar Jahren, erhielt ich von einem Berliner Filmproduzenten das verlockende Angebot, im April für eine ARD-Serie zwei Wochen lang in Thailand zu drehen.

Asien...! Ein Erdteil, den ich noch nicht kannte. Ich zögerte nicht lange und unterschrieb den Vertrag. Die Rolle würde mir sicherlich Spaß machen: Ein alles besser wissender deutscher Oberstudienrat auf Elefantentour. Meine Vorfreude auf dieses exotische Land war groß.

Bereits Anfang März begann ich die Rolle zu lernen und mich auf Thailand einzustimmen. Aus einem Reiseführer erfuhr ich das Wichtigste über Land und Leute, über Kunst und Kultur. Stutzig machten mich allerdings die Angaben über das thailändische Klima: April bis Mai, 40 Grad im Schatten. Unter »Praktische Hinweise« stand zu lesen: Für Aufenthalte in Thailand empfiehlt sich eine Malariaprophylaxe. Bevor ich jedoch meine erste Vorbeugungstablette geschluckt hatte, setzte schlagartig »Bauchzwicken« ein. In meinem »Schwabengrind« hämmerte es: Warum mußt du auch in dieses feuchtheiße Klima nach Thailand fliegen, warum auf einem Elefanten durch den schwülen Dschungel reiten? Wäre nicht Skilaufen im heimischen Allgäu viel gescheiter?

Am Tage des Abflugs war ich so »grätig«, daß ich allen Leuten aus dem Wege ging. Mein Reisefieberkrampf löste sich erst hoch über den Wolken.

Der schwach besetzte »Thai-Jumbo« flog die Nord-Route: Dänemark, Rußland, Afghanistan, Pakistan, Indien, Burma, Thailand. Flugzeit runde

15 Stunden. Viele freie Sitze standen mir zur Verfügung. Nach einem opulenten Abendessen legte ich mich lang, stopfte Watte in die Ohren und schlief bis kurz vor der Landung in Bangkok.

Als ich vergammelt aus dem Riesenvogel torkelte, stockte mir der Atem in der drückenden Vormittagsschwüle. Von dem Aufnahmeleiter, der mich laut Telegramm vom Flughafen abholen wollte, war keine Spur zu sehen. Ein Dutzend eifriger Thais versuchten mich in ihr Taxi zu ziehen. Auf den Dreizehnten fiel ich herein. Während der langen Fahrt in und durch die bald 15-Millionenstadt mußte ich feststellen, daß unsere Münchner Verkehrssituation im Vergleich zu Bangkoks »Straßenschlachten« mit dem unbeschreiblichen Gestank geradezu »paradiesisch« ist.

Im Hotel lag eine Nachricht für mich vor: Das Fernsehteam sei bereits im Norden Thailands; ich würde dort in drei Tagen erwartet werden. Die Flugkarte nach Chiangmai lag bei.

Ich nutzte die freien Tage in Bangkok. Schon am Nachmittag unternahm ich eine Bootsfahrt auf dem Menamfluß zu dem weltberühmten Phra-Keo-Tempel und zu dem Wat Aroon. Mein Abendessen genoß ich im »Orientel«, dem angeblich schönsten Hotel der Welt. Tags darauf war ich auf einem »Flitzboot« zu den schwimmenden Märkten. Und siehe, nein, höre da, aus dem Nachbarboot drangen echt schwäbische Laute an mein Ohr: »Noi, in ra sölla Drecksbrüah badet dia Leut ... ja, weret dia net krank?«
Ich badete am Abend im gechlorten »Swimming-Pool«. Der Gestank des vorbeifließenden Menamflusses reizte Nase und Augen.

Der Flug von Bangkok nach Chiangmai, einer Stadt mit rund 180 000 Einwohnern, dauerte nur

eine knappe Stunde. Von den Kollegen freudig begrüßt, fühlte ich mich auf Anhieb »heimelig«. Tags darauf ging es ab zum Elefantencamp, etwa 40 Kilometer nördlich von Chiangmai.

Meine ersten Szenen mit der Hamburger Partnerin – die Dickhäuter noch im Hintergrund – klappten vorzüglich. Nach einer kurzen Mittagspause – die Milch aus Kokusnüssen schmeckte vorzüglich – kletterten wir auf die Elefanten. Der mir zugeteilte Dickhäuter hörte – oder hörte auch nicht – auf den Namen Bimbo. Thai-Boys, im Genick der Tiere sitzend, lenkten sie an den vom Kameramann gewünschten Punkt. Dort hatte ich laut Drehbuch meine mir gegenüber gleichfalls auf einem Elefanten reitende Kollegin gehörig abzukanzeln. Das Streitgespräch war perfekt. Trotzdem: »Das Ganze noch einmal!« Fusseln sah der Assistent in der Kamera. Nach dem zweiten Dreh ein dritter, nach einem weiteren technischen Fehler ein vierter. Schweißgebadet saß ich auf meinem Bimbo.

Plötzlich geschah etwas Unvorhergesehenes. Aus der Zuschauerschar, die zur Elefantenbesichtigung angereist war, rief ein stämmiges Mädchen im vertrautem Schwäbisch:

»Ja, dau guck na! Ischt dös net dr Naegele? Dau muaß i im Urlaub um de ganz Welt fahra, um dean Siacha zum seaha!«

Und ein männlicher Thailand-Besucher meinte:

»Mei, Sie sind net zu beneide, bei dere Hitz auf ma Elefant hocka und so a Zuig auswendig ›aufsage‹ müassa! Mir wär's gnua!«

»Aufsagen« ist nicht gerade ein Kompliment für einen Schauspieler. Aber mein schwäbischer Landsmann hat es sicherlich gut gemeint.

In den folgenden Tagen fuhren wir früh morgens um fünf in ein hügeliges Gebiet. Die Vormittage, die wir auf dem Rücken der Elefanten zubrachten, machten uns allmählich Spaß. Dagegen waren die heißen Nachmittage mit praller Sonne alles andere als ein Honiglecken.

Laut Drehbuch sollte ich in der letzten Szene, die auf einem Trampelpfade spielt, ohnmächtig in meinem Elefantensitze hängen. Der Kameramann versprach sich von dieser Einstellung eine besonders interessante Wirkung. Sie gestaltete sich mehr als interessant. Denn diese Szene brauchte ich nicht zu spielen.

Die unbarmherzige Tropensonne und die feuchtschwüle Luft setzten mir dermaßen zu, daß ich tatsächlich auf meinem Bimbo in Ohnmacht fiel. Der Kameramann und der Regisseur waren von der überzeugenden Darstellung hellauf begeistert.

Der Sonntag war drehfrei. Wir faulenzten am Swimming-Pool unseres Hotels. Am späten Nachmittag fuhren wir mit dem Taxi zu dem hoch über Chiangmai liegenden »Doi Suthep« Tempel. Auf der großen Freitreppe, mit nicht endenwollenden Stufen, ging mir fast der Schnaufer aus. Meine jungen Kollegen konnten sich nicht verkneifen zu spötteln und zu witzeln, daß mir's auf dem Rücken meines Bimbo jetzt sicher wohler wäre.

Mein letzter Drehtag sah einen Elefantenritt durch eine kleine Gasse Chiangmais vor. Wieder hatten sich schaulustige Zuschauer eingefunden. Der Boy sollte laut Buch meinen Dickhäuter vor einem vergammelten Porzellanladen zum Stehen bringen und ihn dann dazu bewegen, seinen Rüssel an die Schaufensterscheibe zu heben. Bei der Probe klappte es wie am Schnürchen.

»Drehen!«, befahl der Regisseur.
Die Klappe wurde geschlagen:
»Büro Bangkok – 794 – die erste! – Ton läuft!«

Folgsam trottete Bimbo mit seinem Oberstudienrat auf dem Rücken an die markierte Stelle vor dem Porzellanladen. Dort angekommen, rührte er jedoch seinen Rüssel nicht im geringsten. Hingegen ließ er aus seiner Leibesfülle riesige Elefantenäpfel auf die Gasse plumpsen.

»Wer hat ihm Knödel befohlen? Ich brauche seinen Rüssel... seinen Rüssel brauche ich!«, brüllte der aufgebrachte Regisseur.

Mein Dickhäuter muß ihn verstanden haben: Ein dumpfer Schlag, die Scheibe zersprang in tausend Scherben. Schadenfreudiges Gekicher der Zuschauer... Drehpause für das Tier und Drehpause für den Oberstudienrat! Ich kletterte von meinem Elefanten.

Eine Frau, wieder eine Schwäbin – diesmal aus dem Allgäu – kam auf mich zu und sagte:

»Iatz so ebbas! Meinet Se it o', daß der Bimbo de bekannte Spruch vom ›Elefant im Porzellanlade‹ a bizzle z' wörtlich g'nomme hot?«

Was konnte ich einer so wißbegierigen Landsmännin erwidern?

Mir fiel nichts Besseres ein als:

»Do müasset Se eahn scho selber froga, Fraule! Aber i woiß net, ob er da Allgäuer Dialekt verstauht!«

Vom Regen in die Traufe

Lärmbelästigung« war der Grund, warum ich einen Wohnungswechsel vornehmen wollte. Zehn Jahre hielt ich es bis jetzt trotz dünner, hellhöriger Wände in einem nachkriegsgebauten Hause aus.

Nun fing der Hausbesitzer an, durch ständige Mietsteigerungen die langjährigen, rücksichtsvollen Mieter zu vertreiben.

Junge Leute zogen in die leergewordenen Dreizimmerwohnungen ein; Wohngemeinschaften bildeten sich. Mobiliar brachten die »Girls und Boys« wenig mit. Aber Musik-Boxen besaßen sie, und aus diesen plärrten und trommelten ununterbrochen »Heißer Rock und Beat«. Besonders nachts dröhnten die heißen Rhythmen durch Decken und Wände.

Bei einem Spaziergang klagte ich einer Bekannten mein Leid. Sie verriet mir, daß in nächster Nähe ein Hausbesitzer das Dachgeschoß mit drei Wohnungen ausgebaut hätte und noch eine Wohnung für einen soliden Mieter frei wäre. Auf der Stelle machte ich kehrt und suchte den Eigentümer auf.

»Ja, wenn Sie echtes Interesse habet, zeig ich Ihne gern die Wohnung. Schauet Sie, einen Lift gibt es auch.« Mir gefielen die Räume mit den schrägen Wänden. Auf meine Frage, ob man von den Nachbarn – sei es seitlich, drunter und drüber – net mit Lärm belästigt wird, lachte der Hausbesitzer: »A Drüber gibt's doch gar net; i sag Ihne, hier sind Sie aufg'hobe wie in Abrahams Schoß! Sehet Sie, dickschte Mauern zum angrenzenden Nachbarhaus. Nebe Ihne ischt bereits eine ältere, schwerhörige Dame einzoge, und unter Ihne lebt a

ruhiger Herr im g'setzte Alter. Wie g'sagt: Lärmprobleme dürftet so guet wie ausg'schlosse sein.«

Wir einigten uns schnell über den Mietpreis. Zwei Tage später unterschrieb ich den Vertrag auf die Dauer von zunächst fünf Jahren.

Am 1. August bezog ich die heimelige Dachgeschoßwohnung. Die »ungewohnte« Stille ließ mich die ersten Nächte kaum Schlaf finden. Ganz langsam gewöhnte ich mich an Ruhe und Frieden.

Nach 14 Tagen Glückseligkeit wurde ich urplötzlich aus meinen Träumen gerissen. Der unter mir wohnende, alleinstehende Herr war von seinem Asienurlaub zurückgekommen. Ich vernahm von ihm Töne, die nicht auf ein »gesetztes Alter«, sondern auf jugendliche Aktivität schließen ließen.

Eines Nachts steigerte sich das ganze in eine Lautstärke, so daß ich glaubte, das Vergnügen fände in meinem Schlafzimmer statt. Ich sprang aus dem Bett. Nein, die Fenster waren geschlossen! Die Wände, die dünnen Wände redeten! – O Gott, ich war vom Regen in die Traufe gekommen!

Da sich die Vergnügen des Herrn im »gesetzten Alter« öfters wiederholten und die Stimmen der Damen laufend abwechselten, schlug ich mein Bett in dem kleinen Kämmerle auf, das an die Wand der schwerhörigen Dame grenzte. Doch welch ein Debakel: Ich wußte nicht, daß diese Dame tagtäglich bis Sendeschluß bei höchster Lautstärke fernsehen würde. Ich verfluchte Kulenkampff mit seinen »Nachtgedanken«.

In meiner Verzweiflung suchte ich auf dem Kanapee im Wohnzimmer Schlaf zu finden. Inzwischen war es 15. September geworden: Schulbeginn. Im Nachbarhaus, getrennt durch »dickschte« Mauern, war eine Familie aus den Ferien zurückgekehrt. Gebrüll und Zänkerei der Eltern, Gekreische der Kinder, die nachts um 12 Uhr »Fangerles«

spielten und an die mich angrenzenden Wände trommelten, als ginge es auf eine neue Safari.

Tags darauf wurde ich von der Hausmeisterin über dieses neue Lärmproblem aufgeklärt: »Wisset Se, in unserem und im Nachbarhaus hat ma 's Dachgeschoß gleichzeitig ausgebaut. Damit's d' Handwerker leichter g'habt habet und dös ganze billiger komma ischt, hat ma a groaßes Loch in d' Wand g'schlage, sozusage ein Durchgangsverkehr. Und so a unterbrochene Mauer läßt sich nie mehr ganz schliaßa.«

Und so zog ich vom Wohnzimmer wieder ins Schlafzimmer. Der ruhige Herr, im gesetzten Alter, war noch immer sehr aktiv. Aber jetzt war nur noch eine Damenstimme zu vernehmen. Als ich mich neulich zu schnell von der einen auf die andere Seite drehte und mir dabei die »Ohropax«-Pfropfen aus den Ohren fielen, vernahm ich deutlich: »Heirate muascht du mi... heirate! I bi bereits im dritte Monat!« – O weh, o weh, dachte ich mir und steckte die Lärmdämpfer wieder in meine hörgeschädigten Ohren. Im Traum vernahm ich bereits das Geschrei des neuen Erdenbürgers.

Tags darauf begegnete ich dem Hausbesitzer in der Stadt.

»Wie geht's Ihne, sind Sie in Ihrer schöne Wohnung glücklich?« fragte er mich. Und ohne meine Antwort abzuwarten, teilte er mir »streng vertraulich« mit, daß der ruhige, gesetzte Herr demnächst heiraten wird.

»Weil seine Freindin im dritte Monat schwanger ischt!« platzte ich ziemlich unfreundlich heraus.

»Ah, Sie habet Kontakt zu ihm?«

»Net direkt, aber durch d' Wänd, durch Ihre hellhörige Wänd muaß i tagtäglich Freud und Leid von meine Nachbarn über mich ergehe lasse.«

Moosrain mit Fuchs
und Luchs

Vor mehr als zwanzig Jahren erfuhr ich zum ersten Mal, daß es den Ort Moosrain gibt, der zur Gemeinde Gmund am Tegernsee gehört.

»Chärlodde« Fuchs, eine dort ansässige Sächsin, war meine Tischnachbarin in einem Hotel auf der Insel Djerba. Sie schwärmte von dem nur ein Dutzend Häuser zählenden Flecken mit Blick auf die Berge, in der Nähe des Sees.

Chärlodde, von Gästen auch »Djerbamuddi« genannt, siebzigjährig – nach ihrem Paß war sie jedoch ein Jahrzehnt älter –, strotzte vor Lebensfreude. Mich hatte sie besonders ins Herz geschlossen. Zum Ergötzen der Gäste spielten wir beide – Chärlodde stark sächselnd und mit Textbuch in der Hand – die Balkonszene aus »Romeo und Julia«. Von da ab wurde sie von mir und dem Hotelpersonal als »Julia« gegrüßt. Als leidenschaftliche »Dangodänzerin« sah man sie allabendlich in der Bar. Meist zählte sie zu den Gästen, die lange nach Mitternacht ihren Bungalow aufsuchten. Am letzten Urlaubstag tauschten wir Bussis und Adressen und versprachen, uns daheim gegenseitig anzurufen.

Djerbamuddi schickte mir sehr bald eine Einladung. Ich besuchte Chärlodde, die »Fuchsn«; denn für die meisten Moosrainer war sie »d' Fuchsn«. Ihr Zuhause war sehr bescheiden. Wasser gab es nur im Flur. Zwei andere Hausbewohner, ältere wortkarge Frauen, starrten mich an und dachten wohl: »Iatz hot de Oid scho wieder an neien Freind!«

Chärlodde hatte sich fein gemacht und servierte Bohnenkaffee. Danach zeigte sie mir den kleinen

Ort Moosrain, an den damals noch Waldstücke grenzten, der nur eine Bahnhaltestelle mit Wartehäuschen hatte und eine große Baugrube, nicht allzuweit von der Hauptstraße entfernt. In einem Jahr, so erzählte sie, würde sie dort ein Appartement beziehen, ihr Sohn, ein Arzt, zahle einen Großteil der Kosten. An jenem Tag lernte ich auch den Bauherrn kennen, einen Landwirt, der Häuser auf seinen Wiesen erstellte und damit schnell reich werden wollte. Wie Sauerbier bot er mir ein Appartement zum Kauf an. Chärlodde stimmte in die von ihm genannten Vorzüge mit ein: »Denk an die gute Luft, denk an den nahen See, denk an die Berge!« – »Denk an mich!« wagte sie nicht zu sagen; ich konnte es ihr aber von der Nasenspitze ablesen.

Nach einem beratenden Gespräch mit meinem Bruder, nach zehn Nächten unruhigem Schlaf und zwanzigmaligem Blick ins Sparbüchle – ich besaß nur ein Drittel der Kaufsumme – unterschrieb ich den Vertrag.

Bei der Fertigstellung des schönen, aber arg hellhörigen Hauses waren erst gut die Hälfte der Wohnungen an den Mann gebracht worden. Jetzt annoncierte ein vom Bauherrn beauftragter Makler in Hamburger und Berliner Zeitungen. Die Auswärtigen griffen zu. Ich bekam angenehme, tolerante Menschen als Nachbarn. Aber im Ort saßen jetzt die ungeliebten »Preißn« in Zweitwohnungen. (Das bayerische Nörgeln auf die Preußen kann ich nur schwer verstehen: An jedem zweiten Haus findet man Schilder »Zimmer frei«. Und »zahlenden Preißn« hat man schließlich noch nie die Tür gewiesen.)

Ein Jahr später, an einem Wochenende im Mai, konnte ich die ersten Möbel in mein Moosrainer Appartement stellen. Chärlodde, einen Stock höher, genau über meinem Kopf hausend, versorgte mich in diesen Tagen mit Brotzeiten und Bier und wich nicht von meiner Seite.

Eine gewisse Moni Pehl, im ganzen Tegernseer Tal nur mit ihrem Vornamen bekannt und beliebt, stellte sich als Nachbarin aus dem gegenüberliegenden »Heiserl« vor. Dieses mit herrlichem Blumenschmuck versehene Heiserl war ihr und ihres Mannes Wilhelm ganzer Stolz. Ich betrachtete Moni als ein Geschenk des Himmels. Sie war »Bötin«. Sie legte schon um sechs Uhr früh Semmeln und Zeitung, die sie auch in strengstem Winter mit Fahrrad aus dem Nachbardorf holte, vor meine Tür. Ein »Laderl« besaß sie nicht, aber in ihrer Abstellkammer konnte man vom Ei bis zum Schnürsenkel alles finden und kaufen, was man brauchte. Einstimmig wurde sie von uns Eigentümern zur Hausmeisterin bestellt.

Moni und Chärlodde waren Nachbarinnen, aber keine Freundinnen. Das bemerkte ich bereits beim ersten Zusammentreffen der beiden Frauen. Saß Chärlodde mit mir kaffeetrinkend auf dem Balkon, nörgelte Moni tagsdarauf: Gell, der »Fuchs« – für sie war sie der Fuchs und nicht »d' Fuchsn« – »hot se gestern bei dir wieder brettlbroat g'macht und hoamgangn is ewig net!« Chärlodde zeigte schon während der Kaffeevisite auf Monis Heiserl und giftete: »Schau, wie sie wieder spioniert hinter dem Abortvorhang, wie ein Luchs, ein richtiger Luchs ist die!« Wenn mich sonntags einmal eine Freundin besucht hatte, trafen mich von beiden vorwurfsvolle Blicke. Meist war es mir ein Vergnügen, der Auslöser der immer wiederkehrenden Eifersüchteleien von Fuchs und Luchs zu sein.

Trotz der Damenbesuche wurde ich weiterhin verwöhnt. Chärlodde stopfte meine Socken, nähte mir Kissen, hörte stundenlang meine Rollentexte ab. Mit der Komödie »Heiraten ist immer ein Risiko« gastierte ich drei Tage im Fürther Theater. Chärlodde besuchte mich, saß täglich in der Vorstellung, um danach jedesmal nicht nur den Mimen, sondern hauptsächlich dem Autor des Heiratsrisikos ein Loblied zu singen. Aus ihrem eigenen früheren Eheleben hat sie mir sonderbarerweise nie erzählt.

Moni, nicht minder hilfsbereit als Chärlodde, ersparte mir den Kauf von Spül- und Scheuerlappen, versorgte mich mit Gemüse und herrlichen Rosensträußen aus ihrem Garten. Alle Adventszweige und Christbäume waren ihre Geschenke. Einmal, während meines Aufenthaltes in einem Münchner Krankenhaus, stand Moni an meinem Bett, zog, nachdem sie sich ausgeweint hatte, ihren Geldbeutel aus der Tasche: »Wann d' a Göld brauchst, i geb dir an Fünfhunderter!«

Für all die Güte von Fuchs und Luchs konnte ich mich nur mit meinen selbstgekochten »Schmankerla« revanchieren. »Wann d' heit Kässpatzn mochst, kimm i zum Essn!«, schrie Moni nicht nur einmal über den Zaun. Sofort ertönte es daraufhin von Chärloddes Balkon: »Und für mich machst du morgen Dampfnudeln mit Vanillesoße!« Beiden Wohltäterinnen schmeckte es bei mir vorzüglich.

Ein einziges Mal aber gelang es mir, Fuchs und Luchs gemeinsam an meinen Mittagstisch zu bringen. »Buebespitzle« sollten sie probieren. Beide aßen mit größtem Appetit. Ich wurde ans Telefon gerufen. Dabei konnte ich mit einem Ohr ihren sofort begonnenen Streit verfolgen. Es ging um die Spitzle, ob sie zu hart oder zu weich geworden wären. Bei meiner Rückkehr sangen aber Fuchs und Luchs einträchtig Lobeshymnen auf die schwäbische Köstlichkeit. Keine wollte es ja mit mir verderben!

Nicht zu zählen sind die schönen Tage, die ich im Laufe der Jahre in meinem kleinen Appartement in Moosrain verbracht habe, nicht zu zählen die heiteren Stunden mit Chärlodde und Moni.

Aus dem einstmaligen kleinen, stillen Dorf Moosrain ist inzwischen ein großer lärmender Ort geworden.

Fuchs und Luchs aber haben vor ein paar Jahren ihren »Bau« und ihr »Heiserl« auf den Gmunder Bergfriedhof verlegt und einen großen Teil von meinem Moosrainer Zuhausesein mitgenommen.

Ein »Küßle« von Arco

Der hochangesehene Ignatius Stachelmayer segnete nach zwanzig Jahren glücklicher Ehe das Zeitliche. Zurückgeblieben, in dem Tale des Jammers, war seine untröstliche Witwe Klothilde. Nach einem Trauerjahr schlug sie den Heiratsantrag des nicht unvermögenden Alois Kreuzle aus. Rentenversorgt, in einem eigenen hübschen Häusle mit angrenzendem großen Garten, führte Frau Klothilde, im ganzen Städtle beliebt, ein zufriedenes Dasein.

Zum Schutze ihres Eigentums und ihrer selbst legte sie sich einen Schäferhund zu. Dieser junge Hund, der auf den Namen Arco hörte, wuchs und gedieh und ward nach einem halben Jahr ein »Mordstrumm Lackel«.

Wahrscheinlich von der Kraft und Jugend, kurzum Frühling dieses Viechs angesteckt, wurden Klothildes Röcke kürzer, ihre graumelierten Haare schwarz, ihr Teint künstlich, ihr sonst so tiefes Organ zirpte, ihr früher erdgebundener Schritt walzte.

In einer hellen Sommernacht sahen die freundlichen Nachbarn auf einmal in ihrem Garten ein geparktes Auto. Eine Woche später ein anderes, ein größeres mit auswärtigem Kennzeichen, wieder acht Tage später ein Motorrad mit einem absteigenden Burschen in Lederkluft. Arco, der Treue, meldete Anfahrt und Abfahrt und bellte den guten Ruf der Witwe Klothilde zuschanden.

Offene Feinde und Neider besaß Frau Klothilde zu dieser Zeit noch nicht. Nicht beliebt war allerdings ihr Beschützer Arco, am allerwenigsten bei den zwei Postboten des Städtleins. Max, der ältere, hatte in letzter Zeit auffallend oft Päckchen bei der Witwe abzuliefern. Die meisten trugen als Absender den Stempel einer Stadt im hohen Norden, an der Grenze zu Dänemark. Walter, der jüngere Kollege, zog bei jedem Neueintreffen eines solchen »Päckles« seinen älteren Kumpel auf: »Heut muascht der Klothilde wieder a Hundsfutter bringa!« Klothilde nahm diese Lieferungen jedesmal mit großer Freundlichkeit und der Bemerkung entgegen: »So, bringet Sie wieder was Guats für mei Arcole?!«

Das anscheinend arg verfressene Arcole hatte aber eine saudumme Angewohnheit: Er sprang die beiden Postboten an, legte ihnen die Pfoten auf die Schultern und versuchte, seine Schnauze in ihr Gesicht zu drücken. »Keine Angscht, Herr Max, mei Arcole will Ihne bloß a Küßle geba!«, war die immer gleiche Entschuldigung unserer lieben Frau Klothilde. Max versuchte einmal bei so einer Liebkosung den »Grind« des Hundes zur Seite zu schieben und... schnapp, biß Arco ihn dafür in die Backe. »Arcole, dös derf ma doch net!«, war die Rüge für das Tier, ein größerer Geldschein das Schmerzenspflaster für den Postboten.

Eines Nachts vernahmen die lieben Nachbarn Schreie aus Klothildes Häusle. Ein Mann, noch dazu ein südländischer, rannte auf die Straße: »Dottore, bitte snell eine Dottore!« – Das liebe Arcole hatte es nicht mitansehen können, wie sein Fraule von dem fremden Liebhaber geküßt wurde und biß ihr aus Eifersucht ein Stück aus dem Gesicht, aus dem... hinteren.

Arcole mußte sofort aus dem Haus, kein Hundsfutter aus Flensburg traf mehr ein, die Postboten kriegten kein Hunde-Küßle mehr, und die Witwe Klothilde wollte vorläufig auch keins mehr... von keinem Hund und von keinem Mannsbild!

Ein hilfreicher Nachbar der Klothilde, der sie auch etwas »näher« gekannt haben soll, meinte zu seiner Ehehälfte: »Noch ärger wär's, wenn der Arco d' Klothilde ins G'sicht bissa hätt'!« Darauf antwortete sein kluges Weib: »Bei dem G'schäft, dös dia betreibt, ischt der Schada an dem Teil größer als bei unsereinem im G'sicht!«

Schwäbisches g'schwätzt, wia mir dr Schnabel g'wachse ischt

D' Giasl

Von Köln evakuiert, ischt d' Gisela im Kriag zua ihrer alta Tante ins Schwaubaland g'komma. Im letschta Kriagsjauhr ischt Giselas Ma' g'falla und a paar Maunat später ihra Tante g'storba. Kender hat se koine g'het, und nauch em Endsieg ischt d' Gisela in unserem schöana, groaßa Dorf hanga blieba. Daumals war se a rassiga Frau in de guate, mittlere Jauhr.

Ihra Sprauch »echt Kölsch« hat se sich au' unter uns Schwauba nia a'g'wöhnt. De Mannsbilder hat dös »Rheinländische« in und an dr Gisela it g'stört, und vielleicht hat se deshalb au' en de bease Nauchkriagsjauhr koin Hunger leida müassa.

D' Weiber sind auf d' Gisela weaniger guat zu sprecha g'wea. Dr Häfele-Bäure sind ihre Schmalz-häfa schneller leer woara wia in frühere Jauhr, und im Rauchkämmerle hat se d' Heinzelmännla ver-muatet. Aber ebbes G'naus hat neamads g'wüßt. D' Mannsbilder, dia sich auf nächtliche Weag zu Giselas Häusle begegnet sind, hant ihr Maul halta könna. Unsre Weiber, a bißle im Zoara, hant so nauch und nauch aus dr »Gisela« a »Giasl« g'macht, a weng a abfälliga Giasl! Und d' Häfele-Bäure hat in Gegewart vom Bürgamoischter zua ihrem Ma' g'sait: »Wia d' Giasl sott ma leaba, sie säet nicht, sie erntet nicht, aber der himmlische Vater ernähret sie doch...!« Aber dr Bürga-moischter hat scheiheilig in da Muattergotteswin-kel neig'luaget und glei von ebbes anderem g'schwätzt.

Als streng katholischa Rheinländere ischt d' Giasl fleißig in d' Kirch ganga, und i woiß it, wia's komma ischt: Hat 'r dr Herr Pfarr' oder dr Bürga-

moischter da Auftrag gea, da Gottsacker zu pfleaga. Ma hat se iatz oft im Gottsacker a'treffa könna, mit Recha und Schäufele und mit dr Giaßkannta. D' Kender vom Dorf hant a'g'nomma, se häb ihren Nama »Giasl« vom Gräbergiaßa.

In unserem Dorf hat ma allaweil scho g'fasnachtet und Fasnachts-Bäll aufzoha. Auf koiner von deane Tanzereia hat d' Giasl g'fehlt, und moischtens ischt es voarg'komma, daß se em Kapellmeischter 's Tacktstöckle aus dr Hand g'nomma – und en Walzer oder Marsch dirigiert hat. Dr Höhepunkt war allerdings, wenn ihr dr Kare sei Trompeat in d' Hand druckt hat und d' Giasl fascht fehlerfrei d' »Lorelei« blauset hat. Dau sind de Ma' im Saal fascht d' Auga rausg'prunga. Und gewisse Weiber hant drbei auf da Boda na' g'luaget. Nach so ma wunderschöana Lorelei-Solo hat se amal a junger Metzger auf da Tanzboda zoha – i muaß drzua sa', für junge Kerle hat d' Giasl it viel übreg g'het. Also dr Metzger druckt se beim Tanza wia a Wilder und ziaht se fascht auf sich nauf. Dau hat eahm d' Giasl voar alle Leut oina g'schmiert und laut und deutlich g'sait, auf »Kölsch« natürlich: »'s nächste Mal nehmen Sie bitte ihren harten Hausschlüssel aus de Täsch!«

Von de Maschker-Bäll ischt unser Rheinländere z'moischt mit ma Preis hoiganga. Ob Zigeinre oder Türke, ob Maharatscha oder Chrischtel von der Poscht, sie hat da Vogel a'g'schossa! Natürle sind dau unter de Preisrichter Mannsbilder g'sessa, zua deane d' Giasl »guat« g'wea ischt.

Aber au' bei dr Giasl und bei ihre Wohltäter hat d' Zeit it halt g'macht. Von Jauhr zu Jauhr ischt se grauer und a bißle müader auf dia Fasnachts-Bäll g'komma. Und au' ihre Wohltäter sind liaber beim Bier hocka blieba, als wia auf'm Tanzboda g'hupft.

Voarigs Jauhr ischt bei uns 's easchtemal a »Handwerker-Ball« aufzoha woara. Auf'm Plakat ischt g'standa, ma möcht als Schmied, Schreiner, Bäck, Metzger und so weiter, in dr jeweiliga Arbeitskloidung auf da Ball komma. – A Handwerk in deam Sinn, hat d' Giasl kois g'het. Auf deam Handwerker-Ball ischt se mit ma ganz oifacha dunkelblaua Kloid erschiena, als oiziga Zier: A Roas auf dr Bruscht. A paar Walzer und a paar Schiaber hat se no auf's Parkett g'legt, oin Marsch hat se no dirigiert, aber a Kraft zum Blausa hat se nomma aufbrocht. Drfür hot se d' Lorelei g'sunga. A weng schättrig, aber etliche Ma' sind d' Auga wieder wäßrig woara. Zua später Stund sind de beschte und echteschte Handwerks-Klufta prämiert woara. Em Schmied ischt dr dritt' Preis zuag'sprocha woara, da Bäck hat ma für da zwoita Preis aufg'ruafa und dr letschte Tusch hat em Kaminkehr golta, der da easchta Preis hätt kriaga solla.

Nach deam Tusch platzt d' Giasl auf d' Bühne, reißt ihra Kloid vom Leib und stauht dau mit ma Koschtüm... z'sämmag'näht aus lauter Streifa von Gottsacker-Kranzschloifa: »In ewiger Treue« ziert ihra Bruscht, a Stuck weiter donda a Schloif mit dr Aufschrift: »Ruhe sanft!«

Z'eascht hat's de Leut da Schnaufer verschla', aber nau hat a Applaus ei'g'setzt, no stärker wia nach dr blausate Lorelei. Iatz dreht sich d' Giasl um, und auf ihrem Buckel ka ma leasa: »Letschter Gruß« und quer über da Allerweeschta lauft a Band mit Goldschrift: »Die Freunde der Blasmusik«.

Ihr könnet ui voarstella, daß dr Kaminkehr auf sein easchta Preis nomma scharf g'wea ischt; ma hat eahn dr Giasl zuag'sprocha. Dr Ball hat bis zum früaha Morga daurat und d' Giasl hat no zwoimal d' Lorelei singa müassa.

A paar Maunat später am ma Sonntäg-Morga hat ma d' Giasl, de Rheinländisch Gisela, toat im Bett g'funda. Viel Leut sind auf ihrer Leich g'wea. D' Blauskapell hat d' Lorelei g'spielt, obwohls em Pfarr it recht paßt hat. Dr Häfele-Bauer und andere Ma' hant bei deam Liad g'heinat.

Dahoim hat d' Häfele-Bäure ihrem Ma' voarg'worfa: »I woiß scho, was es bedeutet, daß du so traurig bischt!«

De »Schwa'z Madonna«

In ma mittelschwäbischa Dorfkirchle hat de Schwa'z Madonna seit Jauhr und Tag viel Zualauf von fromme und weaniger fromme Wallfahrer.

De alt Stoffele-Bäure isch scho als jungs Mädle in dös Kirchle g'komma, und dia Verehrung für de Schwa'z Madonna isch ihr a Leabalang blieba. Au' nach dr Heiret mit em Stoffele-Bauer hat se sich's it nehma lau: A jed's Jauhr isch se in dös Kirchle pilgret, hat voar deaner Muatter Gottes a Ke'z a'zündt und um da Seaga für dös und 's sell g'fleht. Em goldena Mantel, mit dr Steara-Kroa', 's schwa'z Jesuskendle auf'm Ara, luaget se als Troschtspenderin vom Seita-Altar auf de Gläubige.

D' Überlieferung woiß, wia dös Kirchle zua dr Schwa'za Madonna g'komma isch: Voar langer Zeit soll a Fuier ausbrocha – und 's Innre vom Kirchle reschtlos de Flamma zum Opfer g'falla sei. In de Trümmer häb ma als oiziga Figur d' Muatter Gottes g'funda, 's G'sicht von dr Heiliga und von ihrem Büable seiet schwa'z g'raicht, aber so'scht vollkomma u'versehrt g'wea sei. Ma hat dös als a klois Wunder a'g'seha, und seit deaner Zeit pilgret ma zua dr Schwa'za Madonna.

Voarigs Jauhr hat ma dös Kirchle ussa und inna renoviert. Au' dr Mantel und dr Stearakranz von dr Muatter Gottes sind drbei nui vergoldet woara.

Schmieds Lena hat dr Stoffele-Bäure verzöhlt, daß iatz de »Heilig« no viel schöaner strahla däb, als wia se früaher g'strahlet häb.

D' Stoffele-Bäure isch inzwischa a alts Weible. Letschtes Jauhr hat se da Achtzigschta g'feiret. D' Füaß dont nomma recht mit, seah tuat se au' nomma guat, und manchmal sait se, daß es bei ihr im Kopf surret und tremslet.

It g'surret hat's in ihrem Kopf, wia se ihren Enkel, da zwanzgjähriga Rudi, bettlet hat, er soll se mit seim Auto zum Wallfahrtskirchle fahra. No oimal möcht se dr Madonna a Ke'z opfra und um en milda Toad beata. Dr Rudi-Bua hat bei ihr alls golta, jeden Wunsch hat se eahm erfüllt. No gar it lang war's her, daß se eahm 's Geld für a Flugreis nach Schwa'z-Afrika zuag'steckt hat. Em Rudi war ihr Wunsch Befehl. A Hunderter müßt drbei scho rausspringa, hat er sich denkt. Also hat ma ausg'macht, daß ma am kommende Samstäg-Namettag zum Wallfahrtskirchle fahra wead. Aber grad an deam Tag isch es dr Oma ganz schlecht ganga: Se hat wieder a Surra g'spüart und en Tremsler g'het, und in deam Zuastand hat se no schlechter g'seah wia sonscht.

Dr Rudi, it verleaga, hat en Rat g'wüßt: Er isch mit seiner, von dr Oma finanzierta japanischa Kamera losg'fahra und hat de Schwa'z Madonna 36 mal auf en Dia-Film blitzt. D' Oma hat sich auf dia Bildla-Voarführung wia a Briafmanndele g'freit.

A Wuch drauf hat dia nau stattg'funda. Rudis Eltra sind it dahoim g'wea, d' Stub hat ganz alloi deana zwoi g'höart. Nachdeam d' Oma ihra dicka Brilla putzt g'het hat, isch se von ihrem liaba Bua in da beschta Sessel plaziert woara. Er hat sei Film-Leiwand nomal z'rechtg'ruckt, seine 36 Dias in da automatischa Voarführer g'steckt und auf da Eischaltknopf druckt. In deam Moment hat im Hausgang 's Telefon g'litta. Dr Rudi hat sei Schätzle in dr Leitung vermuatet, isch wia a Wilder aufg'sprunga, und schreit no von dr Tüar her: »Oma, dös lauft automatisch, guck se na g'nau a', dei Schwa'za Madonna!«

Dr Stoffele-Bäure hat de renoviert, a'geblich von oba bis unda »golde« Madonna gar nomma g'falla. Wia dr Rudi vom Telefoniera z'ruck-komma isch, war sei Oma verschwunda. Mit ma Blick auf da Apparat, der grad no de zwoi letschte Dias auf d' Leinwand g'worfa hat, hat'r en Stich in dr Magagruab verspüart. Anstelle von de Madonna-Dias, hat'r 's Käschtle mit de Dias von Schwa'z-Afrika in da Voarführer g'steckt g'het und auf deane Bilder hat ma hauptsächlich a Neger-Weib g'seah, mit ma Kendle auf 'm Rucka, mit ma Wasserkruag auf 'm Kopf, und »oba ohne«.

D' Oma hat em ganza Dorf rom verzöhlt, wia wüascht ma de Schwa'z Madonna renoviert häb. Ihra Freindin, d' Schmied Lena, hat nix zum Lacha g'höt: »Du willscht mi zum Wallfahra verführa, i glaub du bischt blind! 'S Jesuskendle hat ma ihr auf da Buckel bunda, statt em Strahlakranz trait se a Bluamavas auf'm Kopf, a dreckater Rock, statt em goldena Mantel, und 's Wüaschtescht . . . i ma's gar it sa . . . nackete Brüschta! Wenn ma se wea-nigschtens mit ma Blüsle eig'schleift hät!«

Kur und Nachkur

Mena
Alois ein Rentner-Ehepaar

IM SPEISESAAL

Mena: Alois, heilfroah bin i, daß mir morga um
dia Zeit wieder dahoim send. Koi Stund
hätt' i dia Kur meah länger ausg'halta!

Alois: Meine Knocha hat's guat doa! »Ischia«,
iatz im April so warm wia bei ons em Sommer, – dahoim flacket g'wiß no Schnea!
Und 's Hotel: 's Modernschte vom Mo-
derna! D' Bedienung: hervorragend!

Mena: Flinks send se g'wea, dia Kerle; aber au'
beim Handaufheba!

Alois: »Schmiera ond Salba, hilft allethalba!« –
Dös Sprichwort ischt au' bei ons it bloß a
Sprichwort. Du muascht zuageba: Oa-
dele hant se alles beinand, blitzsauber...

Mena: Dös sagscht du, weil du da Dreck it
siehscht. Alois, scho wieder hascht dei
Kravatt vertrüalet! I sag ja, dös kommt
drvo, wenn ma beim Essa da feina Maxe
spiela will, und d' Serviett it um da Hals
bind't.

Alois: Bei deam g'sprengleta Selbschtbinder
macht dös kloi Fettfleckle koi G'fauhr. – A
guat's Essa, dös muascht zuageba... dr
Vino, na ja... ehrlich onser Bier hat mir
g'fehlt. Aber mir send ja it weags em Bier
en d' Kur g'fahra. – Dr radioaktive Fango,
ond 's Thermalwasser, en deam du am al-
lerweanigschta g'schwomma bischt, dös
soll ons g'sond macha! Warum bischt
eigentlich so selta ens Wasser?

Mena: Frag it so domm, du woischt, daß i vom Wasser nix halt. Dr Schlamm soll ja helfa, wenn's koi Lug ischt. Mei Schmerz em Steißboi ischt ärger wia früher. Dau, lang amal na! (ER TUT'S) Au!, du bischt no gröber wia dr Masseur.

Alois: Dr Giovanni, Klasse, war der! So hat mi no koi Mensch massiert!

Mena: Mi' au', ganz blaue Fleck hau i am G'säß!

Alois: Vielleicht hascht dei Fiedla en deam hoißa Fango verbrennt.

Mena: Dommer Siach! I wünsch dir mein Schmerz.

Alois: Dua it jaummra! Dr Erfolg von ra Kur stellt sich eascht nach a paar Wucha ei'. Außerdeam bleibt a Nachkur 's Allerwichtigscht. Dreimol hat dös dr Dokter bei dr Schlußuntersuchung betont: Wenig essa, viel Bewegung!

Mena: Der schwätzt viel, wenn dr Tag lang ischt: »Signora, bitte, kleine Portione essen!« Von Portiona wollet mir bei deane italienische Mahlzeita gar it reda.

Alois: Domm ischt der Dokter it. – I hau dir's ja allaweil g'sagt: Dei G'wicht druckt auf deine Knocha! Für dei lädierts Steißboi wiegscht du viel z'viel. – Bei deam toigiga Zuig, bei deane Spaghetti, deane Ravioli... hättescht dich z'ruckhalta müassa.

Mena: Vergonnscht mir's it?

Alois: Du hascht neig'langet wia a Drescher!

Mena: Wenn mir sonscht nix g'schmöckt hat. Koi oizigsmal en Schweinsbrauta, koi Kartoffel! Da Salat ohne Brüah!

Alois: Raffinierte Salätla send dös g'wea!

Mena: Für di'! Du ißt ja allz, was d' Säu fresset. – Mit de Nachtisch könnet se mir au' g'stohla bleiba: Alle Tag Erdbeer mit Magerquark! Du woischt, daß i von Erdbeer en Beiß kriag und roate Fleck am Leib, so groaß wia Tauba-Oier.

Alois: Drfür hant dir de süaße Sacha g'schmeckt: A Stuck Tort zum Nachtisch, zwoi Stuck Kuacha zum Espresso am Na'mittag.

Mena: Vergonnscht mir's it?

Alois: Um 's G'wicht gauht's, Mena, um 's G'wicht! Denk an dei Steißboi! – Bischt geschtern no amal auf d' Waug?

Mena: Ha?

Alois: Wiaviel hascht zuag'nomma?

Mena: Knappe vier Kilo, wenn deane ihra Hei-waug stimmt.

Alois: (LACHT)

Mena: Brauchscht gar it so schadafroah lacha, dia schaff i dahoim schnell wieder weg.

Alois: Wenn du morga glei wieder da Putzlumpa schwenka willscht – ohne mich! I brauch meine Nachkur! – Voar achte bringscht du mi it aus 'm Bett.

Mena: Mei Kaffeedüftle und meine röasche fri-sche Weckla treibet di scho raus.

Alois: Mena, du bischt unverbesserlich! Aber dös oine sag i dir: Nach em Frühstück kommt mei Gymnaschtik.

Mena: Zum Eikaufa kascht gauh, dös ischt au' a Gymnaschtik.

Alois: Gega zehn Uhr, a Täßle Buttermilch!

Mena: Für di'! I trink mei Halbe Bier!

Alois: D' Nachkur, Mena, d' Nachkur! – Voar em Essa no amal a kloins Spaziergängle.

Mena: Genehmigt: Mit 'm Staubsauger durch unser Wohnung.

Alois: Zu Mittag, a dünn's Süpple.

Mena: Leaberknödel, mit bachane Spatza. Mir lauft's Wasser em Maul z'sämma.

Alois: 's G'wicht Mena, 's G'wicht! Dr Druck auf dei Steißboi!

Mena: Mei Gluscht auf a Eisboi!! Mit Kraut ond
g'schupfte Nudla! – Ma'le, heilfroah bin i,
daß mir morga wieder dahoim send.

Ob's wohl no dös
Bänkle geit?

Ob's wohl no dös Bänkle geit,
Wo söttamol em Maunet Moi
Verliabte Pärla, junge Leit,
Sich g'schwoara hant de ewig Treu?

Oft hau i g'schmuset mit 'm Menale,
'S war mei allereaschter Schatz.
Als Zwoita isch nau 's Lenale
Mit mir g'hocket auf deam Platz.

A Jährle drauf bin i wia 's Wiesele
G'lofa zua deam Bänkle unterm Baum.
De Auserwählt war diesesmol a Liesele.
D' Liab war fuireg. Oft fraug i em Traum:

Ob's wohl no dös Bänkle geit,
Wo söttamol em Maunet Moi
Verliabte Pärla, junge Leit,
Sich g'schwoara hant de ewig Treu?

Das Mai-Bänkle

Frieda
Otto ein älteres Ehepaar

IM FREIEN/KIESWEG

Frieda: Schön ischt deine Heimat, Oddo... idyl-
lisch, dieses kleine Tal!

Otto: I bin selber überrascht: wia vor vierzig
Johr! Es hat sich nix verändret.

Frieda: Kieswegla...

Otto: Keine Telefonmaschta...

Frieda: Zur Linken a kleins Bächle... Schau dia
Blümla, Oddo: Vergißmeinnicht und
Männertreu.

Otto: Wie einscht im Mai! Fast vierzig Johr sind
es jetzt, Frieda, seitdem i mei Heimatdorf
verlassa hab.

Frieda: Ja, ja, Oddo, langsam zählet mir zum alta
Eise.

Otto: Ganz no net. Laß uns heut net vom Alter
reda, der Maiatag ischt zu schön.

Frieda: Recht hascht. Schau ins Bächle... dia Fo-
rella... wia se dahinschiaßet... (SUMMT
SCHUBERT: »DIE FORELLE«)

Otto: (SCHRITTE) Ah... guck, Frieda... guck,
hinterm Kaschtanienbaum... 's Bänkle!
Scho in meiner Jugend ischt dau a Bänkle
g'standa. Frieda, komm, setz di her!

Frieda: (SCHRITTE) Tatsächlich... ein Bänkle!
(SETZT SICH)

Otto: »Ein« Bänkle... es ischt »das« Bänkle!

Frieda: Wia meinscht dös?

Otto: Es ischt das »Liebesbänkle«! (SCHWÄRMT)

Wen dös schwätze könnt... mein Gott...
Frieda...

Frieda: Da liaba Gott laß aus 'm Spiel. Ma hat mir g'sagt, daß du in deine junge Johr ein Schwerenöter warscht.

Otto: Wer sagt dös?

Frieda: Im Wirtshaus, geschtern, a alter Freind von dir hat dich »Dorfcasanova« g'heißa.

Otto: Der Reiser Schorsch, der soll na ganz still sei; jahrelang hat der auf dem Bänkle... ja, ja, dös Bänkle (LACHT), wenn dös verzöhla könnt...

Frieda: Jetzt gib se scho preis, deine... Jugendsünden!

Otto: Jugendfreuden! Also... wenn's scho wissa willscht: Mei Easchta war 's Menale, a bißle dick, wia soll i saga, ja... mollig hat se sich a'g'faßt.

Frieda: (TROCKEN-NETT) A'g'faßt...

Otto: Na ja, 'küßt hau i dia Bumpel, daß... daß bloß a so g'schnöllt hat.

Frieda: So g'schnöllt hat...

Otto: S' Johr drauf bin i dann mit em Lenale draufg'sessa.

Frieda: Au' a Bumpel?

Otto: (SCHWÄRMT) Noi, 's Gegatoil, schlank, rassig, eine... Wildkatz! Aber i war ein Tiger und hab se...

Frieda: (TROCKEN) Du hascht se...?

Otto: Was moinscht? – Aber ein Jahr später saß auf dem Bänkle...

Frieda: Saß...?

Otto: S' Liesele. A hart's Nüßle, sag i dir. Andere habet sich an ihr d' Zäh' rausbissa.

Frieda: Du net...?

Otto: Jedesmal, bevor ich sie... busserla hau derfa, hau i ihr ewige Treue schwöra müassa.

80

Frieda: Und... hascht du g'schwora...?

Otto: Natürlich... Es ischt über mich komma wia ein Sturm, wie ein... Orkan. – Aber einmal habet mir Pech g'habt. (FAST LACHEND) Stell dir voar: 's Bänkle ischt z'ammabrocha und... mir sind auf 'm Boda g'lega.

Frieda: Auf 'm Boda...?

Otto: Ob's glaubscht oder net: Bei jedem Treffa hab i ihr ewige Treue schwöra müassa.

Frieda: Und warum hascht du deinen Schwur net g'halta und sie g'heiratet?

Otto: Aber Schätzle, dös woischt doch: In d' Stadt hat's mich zoga. Dort hab i Arbeit kriagt und dich g'funda, dich... und bei dir...

Frieda: Bei mir...?

Otto: Bin i langsam ruhiger worda.

Frieda: Oddo, du warscht immer ruhig.

Otto: Sag bloß, war i dir z' ruhig?

Frieda: Oddole, i hätt's auch gern g'habt, wenn deine Küsse ab und zu amal g'schnöllt hättet.

Otto: Warum hascht denn nia was g'sagt...?

Frieda: Wenn in unsren Maiennächten ein Sturm – a Orkan hätt's gar net sei müassa – in dich g'fahra wär.

Otto: Aber Frieda!?

Frieda: Und ewige Treue...

Otto: I war dir treu!

Frieda: Ja, i weiß. Aber einmal in vierzig Jahren, wenn a Bänkle unter uns... du... dös Bänkle... bricht.

BANK FÄLLT UM/GERÄUSCH/KIES

Oddo... heb mich doch!

Otto: Was denn? – I lieg doch au' auf 'm Boda.

Frieda: Aua! Mei Fuaß, du liegscht auf mei'm Fuaß!

Otto: Siehscht Frieda, jetzt hast auch *du* ein Bänkle-Erlebnis.

Es spriaßt

Luise
Hans   ein reiferes Ehepaar

IM BETT

Luise: Dös Früahjauhr spriaßt's an alle Ecka und Enda.

Hans: (SCHNARCHT)

Luise: Iatz isch der nomal eig'schlaufa. Ma', wach auf! D' Sonna lachet zum Fenschter rei.

Hans: (VERSCHLAFEN) Was . . . was isch los?

Luise: D' Vögela pfeifet . . . a ganz a schöaner Früahlingsmorga.

Hans: (GÄHNT) Ja . . . ja . . .

Luise: Vergiß endlich dei Früahjauhrsmüadigkeit. Guck auf da Fliaderbaum voar em Fenschter.

Hans: (MÜDE) Der wead doch it scho blüaha?

Luise: Noi, im April blüaht koi Fliader. Aber spriaßa duat'r.

Hans: Wau spriaßt der? I sieh nix.

Luise: Setz dei Brilla auf, nau siehscht dia dicke grüane Knoschpa.

Hans: Luise, du dräumscht.

Luise: Du bischt der, der dräumt. It bloß z' Nacht, au am helliachta Dag. Sonscht hättescht geschtern it statt ra Rüahrmil', en Rüabasauma eig'kauft. Dös kommt drvo, weil du nia zuahöarscht, wenn ma dir ebbes a'schaffet.

Hans: (ERNEUT EINGESCHLAFEN) Rüahrmil' . . . Rüaba . . . sauma . . .

Luise: Iatz ruaßlet der scho wieder. Hans!! Dei Früahjauhrsmüadigkeit muaß doch amal

rum sei. Leg di weanigschtens auf de ander
Seita, daß dös Schnarchla aufhöart.

Hans: (VERSCHLAFEN) Auf de ander Seita ... Nau
sieh i di ja nomma.

Luise: Du siehscht mi so und so it. Seit ewige
Zeita guckescht du mi nomma a. Ge-
schweige, daß du mi no amal a'langescht.

Hans: Grad geschtern hau i di a'glanget.

Luise: A'grumplet hascht mi, net a'glanget.

Hans: It mit Absicht, und daß du drbei ins Früahbett neig'falla bischt ... dau ka i nix drfür.

Luise: Ja, ja ... Hascht es g'seha, im Früahbett
spriaßt's von vorna bis hinta. Da Kresse ka
ma bald schneida.

Hans: Hoffentlich wead's it nomal recht kalt.

Luise: Au dr Schnittsalat spriaßt gewaltig.

Hans: I giaß au' fleißig.

Luise: Bloß d' Rettichsauma, dia du g'stupft
hascht, gant it auf. Deane hascht dei Früah-
jauhrsmüdigkeit mit nei g'stupft.

Hans: (SCHNARCHT SCHON WIEDER)

Luise: Hans! ... zum letschtamal, wach auf!! Es
isch Früahling! Es leabt und spriaßt an alle
Ecka und Enda!

Hans: (SCHLÄFRIG) Laß es spriaßa ... laß es ...

Luise: Bloß bei dir spriaßt nix meah.

Hans: (FAUL) Was soll den spriaßa?

Luise: A klois bißle a Liab sott spriaßa.

Hans: Iatz komm wead doch it kindisch.

Luise: Weanigschtens a Busserle könntescht mir
wieder amal gea. Hans ... g'streichlet
möcht i weara.

Hans: I lieg grad a so guat. Aber ... wenn willscht,
ka'scht du mi ja streichla.

Luise: Guat ... i streichle di. I streichle dir dei
Früahjauhrsmüadigkeit aus'm G'sicht ... I
streichle di, bis au du zum Spriaßa
a'fangscht.

Hans: Oh, oh... hascht du magnetische Händ. –
Warum höarscht denn auf zum Streichla?

Luise: Deine Bartstoppla krätzet fürchterlich!
Gell, heit rasierscht dich.

Hans: Noi, zum Beweis, daß bei mir au' no ebbes
spriaßt, rasier i mi voarläufig nomma.

De oigne Hörbscht verkennet

Luag doch auf dia Felder naus,
Wia friedlich dia sich sonnet,
Nach so viel Müah jauhraus
Sich Ruah und Stille gonnet.

Guck dir doch da Himl a,
Wia mild dös Blau sich spiaglet,
Und d' Silberfäda obadra
Em leichta Hörbschtwind wiaglet.

Luag dir doch dia Bäum dau a,
Wia roat und gold dia färbet,
Voll G'schpür, daß moara scha,
Dia Blätter alle sterbet.

Guck doch auf dia Straußa naus,
Wia alle Menscha rennet,
Obwohl se wisset: D' Uhr lauft aus,
De oigne Hörbscht verkennet.

Urlaubsfreundschaften

Anni
Oddo   ein jüngeres Ehepaar
Edi

Anni: Oddo, wer hat g'schrieba?
Oddo: Gründles.
Anni: Gründles? Was für Gründles?
Oddo: Aus Stuttgart.
Anni: Aus Stuttgart?
Oddo: Ja..., dia nette Leut, mit dene mir im Urlaub z'samma waret.
Anni: Ach, dia, dia mit ihrem Schmuckwarag'schäft!
Oddo: Ja, d' Margot und dr Edi, unsre angenehme Zimmernachbarn. Du, dia wollet uns b'suacha.
Anni: B'suacha..., wann?
Oddo: Wart, i les' es dir vor: Liebe Küsters! Da wir Euch telefonisch nicht erreicht haben, ein kleines Briefle. Am 23. haben wir in Eurem Städtle zu tun und werden bei dieser Gelegenheit auf Eure Einladung im Urlaub zurückkommen und bei Euch anklopfen. Wir freuen uns darauf. Herzliche Grüße! Eure Urlaubsfreunde... Margot und Edi Gründle.
Anni: Hascht du dia im Urlaub eig'lada?
Oddo: Dös woiß i jetzt nomma... Ma hat halt a so g'schwätzt.
Anni: A so g'schwätzt! Wenn dr Tag lang ischt, schwätscht du viel! Und wenn du ebbes tronka hascht, lädscht du Hund und Katz ei'.

Oddo: Bitte net übertreiba! Du hascht doch da Edi de ganz Zeit hofiert.

Anni: Aber doch bloß, weil du d' Margot so toll g'funda hascht.

Oddo: Daß d' Margot a rassiga Frau ischt, dös hascht sogar du zuageba.

Anni: Rassig oder net rassig, du solltescht dir abg'wöhna, im Urlaub wildfremde Leut zu uns nach Haus einzulada.

Oddo: »Wildfremd« waret mir uns nach drei Wocha gemeinsame Ferien nicht mehr. Gib zua: Gründles sind bis jetzt die angenehmschten Urlaubsbekanntschafta, dia mit kenneg'lernt habet.

Anni: Trotzdem... i hab's net eig'lada und i will's net seha!

Oddo: Warum willscht du 's net seha? Dia ladet uns g'wiß auch amal zu sich nach Stuttgart ei.

Anni: I halt nix von Urlaubsfreundschafta. Was kommt drbei scho raus? Dumms G'schwätz... Eifersüchteleia... und a Haufa Arbeit!

Oddo: Wiaso Arbeit?

Anni: Dia wollet ganz g'wiß bei uns übernachta, vielleicht übers ganze Wochaend daubleiba?

Oddo: Dös glaub i net.

Anni: Kocha, Betta frisch überzieha... an mir bleibt's doch wieder hanga. – Was hascht g'sagt, wann wollet dia komma?

Oddo: Am 23., du, dös isch ja heut!

Anni: Heut?... Nein, nein! Kommt gar nicht in Frage. Woischt was: Oddo, mir saget oifach, mir sind grad am Verreisa.

AUTOANFAHRT UND HUPEN

Oddo: Du, dia kommet scho!

Anni: Dua langsam, laß se net glei rei! Wart, i stell
        da groaßa Koffer ins Zimmer. Mir ver-
        reiset.

Oddo: Wo na denn?

Anni: (IM ABGEHEN) Zua ra alta, kranka
        Tante... in dr ehemaliga DDR.

ES LÄUTET

Oddo: I komm scho... gleich komm i...

Anni: So, dau isch dr Koffer.

ES LÄUTET

Oddo: (GEHT ZUR TÜR) Glei bin i dau.

Anni: No a paar Handtüacher auf da Koffer...
        So, jetzt sieht's nach Verreisa aus.

Oddo: (AN DER TÜRE) Ja, jetzt so ebbes... Edi!!
        So eine Überraschung! Gott grüße dich!

Edi: Hallo Oddo! Alter Freind... Wie geht's,
        wie steht's?

Oddo: Wo hascht deine schöne Frau, unsre liebe
        Margot?

Edi: (IM HEREINKOMMEN) Grüß dich, Anni!
        Gut siehscht du aus!

Anni: Alter Schmeichler! Schön, daß ihr euch
        amal seha laßt. Wo hascht denn d' Mar-
        got?

Edi: Daheim. Dia bereitet 's große Fescht vor.

Oddo: Was für ein groaßes Fescht?

Edi: Ihren 40. Geburtstag! Im Urlaub habet mir
        doch davon g'srocha.

Oddo: Ah, ja, ja.

Edi: Der wird gefeiert... mit Pauka und Trom-
        peta! Übers ganze Wochenende. Und weil
        ihr so einmalig liabe, gutherzige Urlaubs-
        freunde waret, müsset mir euch bei dem
        Fescht in unsrer Mitte habe.

Anni: Ja... aber...

Edi: Kein »aber«. Meine Margot wäre un-

89

tröschtlich, wenn ich euch liabe Mensche net mitbringa tät... Was seh ich? Da steht ja scho der Koffer! Gell, ihr habt geahnt, daß ich euch abhole werd'.

Oddo: Mei Anni hat's geahnt, meine liebe Anni! Sie macht immer Nägela mit Köpf!

Adventsgeschenke

| Mathilde | ein Pensionisten-Ehepaar |
| Xaver | |

IN DER STUBE

Xaver: Zua deam guata Adventskaffeele genehmigt mir mei Mathilde no a zweites Schnäpsle, gell?

Mathilde: A zweites ja, aber net glei de halb Fläsch.

Xaver: (SCHENKT SICH EIN)

Xaver: Magscht du koi Schlückle von deim Eierlikör?

Mathilde: Doch, i tät scho oins möga. Aber 's Fläschle isch leer. D' »Heinzelmännla« waret wieder amal in der Speisekammer!

Xaver: Was du net sagscht. Zum Wohlsei', Mathilde! (TRINKT) Grad g'müatlich isch heit, an deam erschte Adventssonntag.

Mathilde: So g'müatlich werdet mir uns dösmal de ganz Adventszeit macha.

Xaver: Mir ka der Weihnachtsrummel g'stohla bleiba. Nix, aber au' gar nix ziaht mi in d' Stadt.

Mathilde: D' Kaufhäuser sind um dia Zeit a Graus. – Mei G'schenkle für di hab i scho lang b'sorgt.

Xaver: Dein's isch au' scho guat aufg'hoba.

Mathilde: Hoffentlich hascht dich an unsere Abmachung g'halta: Kein Geschenk, dös die Hundertmarkgrenze überschreitet.

Xaver: Worauf du dich verlassa kannscht. – Wenn's dich interessiert: I hab für dich

	was g'funda, was du dringend brauchscht.
Mathilde:	So ... was brauch i denn dringend?
Xaver:	Ebbes, was dir im Urlaub abhanda komma ischt.
Mathilde:	A Uhr! ... Sag bloß, du hascht mir a Armbandührle kauft?
Xaver:	Errate! A schön's Ührle kriagscht du von mir. Preislich hab i mi an unsre Verabredung g'halta: 99.50 Mark hat es koscht.
Mathilde:	Du bischt ein Schatz! – Und weil mir koine Kinder mehr sind, verrat i dir jetzt, was du kriagscht.
Xaver:	Was denn?
Mathilde:	Eine Garnitur Rheuma-Unterwäsche für 98.00 Mark.
Xaver:	Und weil du dei Uhr so arg vermißt, geb i dir sie scho heit; sozusage als Adventsg'schenkle.
Mathilde:	Und weil dich dei Rheuma so plogt, kriagscht du dei Unterwäsch au' scho heit. – Aber jetzt hol mir bitte z'erscht dei Ührle.
Xaver:	Dös brauch i net hola. Dau, i hab's in der Juppatäsch.

AUSPACKEN

Guck, die Form isch doch hübsch; dazu deutlich lesbare Ziffern; »Hansjung«, eine Markenuhr; ein Jahr Garantie! Dazua dös nette Lederarmbändle. »So was einmalig Schönes und Solides krieget Sie für den Preis von 99.50 Mark net so schnell wieder!«, hat mir der Verkäufer beim »Uhra-Kranz« immer wieder g'sagt.

Mathilde: Ja... schön... sehr schön! – A Momentle, Xaver.

GEHT ZUM SCHRANK

Xaver: Holscht mir mei Rheuma-Unterwäsche?

Mathilde: No net. Z'erscht will i dir meine Armbanduhr zeiga, dia i auch beim »Uhra-Kranz« kauft hab. Guck, ähnelt dia deiner net auf's Härle. Die hübsche Form, deutlich lesbare Ziffern, »Hansjung«, dieselbe Marke, ein Jahr Garantie! »So was einmalig Schönes und Solides krieget Sie für den Sonderpreis von 49.50 Mark net so schnell wieder!« hat der Verkäufer net bloß einmal betont.

Xaver: (ERTAPPT, VERSCHMITZT) Tatsächlich: Genau 's selbe Ührle! Und für 49.50 Mark sagscht du?

Mathilde: Schau, da isch der Kassazettel.

Xaver: Tatsächlich: 49.50 Mark. – Du, der Verkäufer hat mi aufs Kreuz g'legt.

Mathilde: (SCHMUNZELND) Meinscht du, Xaverle... Woisch was, mir gehet morga mitnander hin und stellet den Kerl zur Red.

Xaver: I glaub, i gang besser alloi hin. Deam Siacha b'sorg i's!

Mathilde: Der soll dia Uhr z'rucknehma.

Xaver: Und mir dia 49.50 Mark auszahla.

Mathilde: Wiaso 49.50 Mark? I denk, du hascht 99.50 Mark zahlt.

Xaver: Ja, natürle 99.50 Mark. Du bringscht mi ganz durcheinander!

Mathilde: Auf dia 99.50 Mark legscht dann bitte no a paar Mark drauf. I hab nämlich a

94

schönes versilbertes Spiel-Ührle g'seha,
aus dem a wunderbara Melodie
kommt. Xaver, dös Spiel-Ührle wünsch
i mir von dir.

Xaver: Kriagscht du, Mathilde, kriagscht du. –
Sag, wia heißt dia wunderbar Melodie?

Mathilde: Üb' immer Treu und Redlichkeit!

Em Traum

Heit nacht bin i em Traum
En meiner Kenderstuba g'hocket.
Vom Hof her hat dr Tannabaum
Mit Schnea und Weihnächt g'locket.

Dr Vater hat's alt Kripple g'leimt,
D' Muatter Butterloibla bacha.
I hau mir hoimle z'ämmag'reimt,
Was i mir wünsch für Sacha.

Und denkt, wia wead's am Aubed sei,
Wenn mir dia Liader senget,
'S Chrischtkendle kehrt bei uns ei,
Am Baum viel G'schenkla hänget.

Verwachet bin i aus deam Traum
En fremder Stuba g'hocket.
Vom Hof her hat koi Tannabaum:
Bloß Hoimweah hat no g'locket.